# KURZANLEITUNG

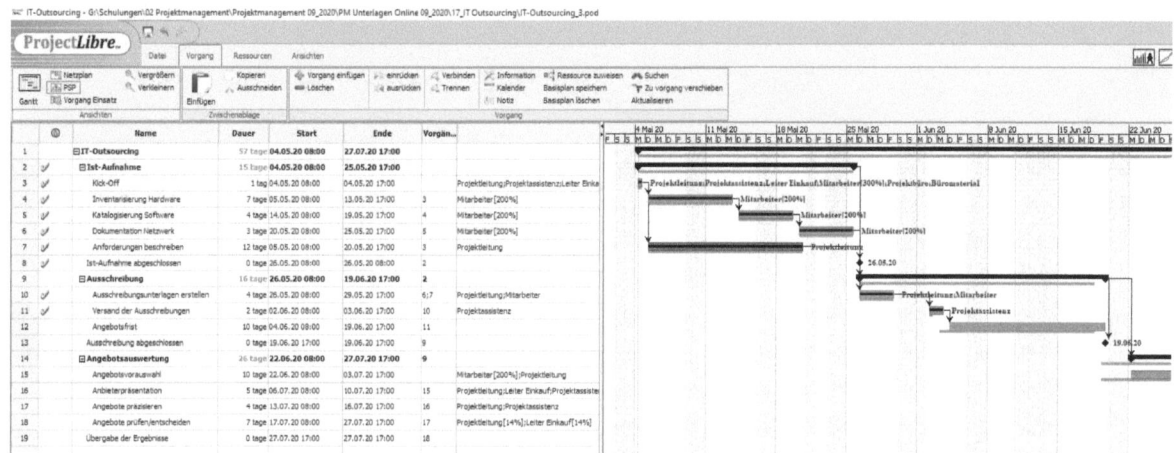

# PROJECT LIBRE

© 2020 Gerhard Münninghoff und Arne Tönnies

1. Auflage

# Vorwort

Dieses Werk ist nach vielen Recherchen in Sachen Project Libre entstanden.

Für Unternehmen, die Projektmanagementsoftware erst einmal ausprobieren wollen oder auch für Projektmanager die verschiedene Kunden betreuen und diese up-to-date halten wollen und natürlich alle weiteren Interessierten ist diese open source Variante eines Projektmanagementtools geeignet.

Wir nutzen es neben den oben genannten Fällen im Weiterbildungssektor.

Im Rahmen unserer Tätigkeit als Dozent waren wir auf der Suche nach geeigneter Literatur zu dieser open source Software.

Was wir vorfanden, gerade in deutscher Sprache hat leider nicht ganz überzeugt. Daher entstand durch die Erfahrung des letzten Jahres dieses kleine Werk.

Erst war es nur ein „Script" für unsere Teilnehmer in CORONA ZEITEN, ist aber immer weiter zu diesem kleinen Buch gewachsen.

Wir hoffen, dass es Ihnen eine hilfreiche Anleitung zum „Kennenlernen" liefert.

Jede Software im Projektmanagement hat ihre Stärken und Schwächen und manchmal fragt man sich, warum etwas nicht funktioniert oder auch bequemer sein könnte.

Die gute Nachricht, auch an Projectlibre wird weiterentwickelt.

Wir danken unseren Teilnehmern für die vielen Nachfragen und Anregungen und allen, die uns bei diesem Werk unterstützt haben!

Ein großer Dank gilt natürlich auch den Köpfen um Marc O`Brian, die diese Software als open Source, ohne den Gewinngedanken, uns allen zur Verfügung stellen.

**Viel Spaß bei der Lektüre und dem Ausprobieren ;-)**

# Gerd & Arne

*P.S.: nicht ärgern, es ist nur ein PROGRAMM*

Bibliografische Information der Deutschen Nationalbibliothek:

Die Deutsche Nationalbibliothek verzeichnet diese Publikation

in der Deutschen Nationalbibliografie; detaillierte bibliografische

Daten sind im Internet über http://dnb.dnb.de abrufbar.


© 2020 Gerhard Münninghoff und Arne Tönnies

Herstellung und Verlag:
BoD – Books on Demand, Norderstedt


**ISBN 978-3-7526-0889-2**

# Inhaltsverzeichnis

# 1 Grundlagen der Programmbedienung

## 1.1 Installation und erster Start

Da ProjectLibre in Java programmiert ist, steht es auch für alle gängigen Betriebssysteme zur Verfügung.

Sind Sie Leser dieses Leitfadens können Sie sich das Programm unter folgender Adresse herunterladen:

**https://www.projectlibre.com/product/1-alternative-microsoft-project-open-source**

Bitte laden Sie sich diese Datei auf Ihren Rechner und installieren Sie danach das Programm.

**Ggf. ist nach der Installation ein Neustart erforderlich!**

Starten Sie ProjectLibre über das Startmenü von Windows oder über das Icon auf Ihrem Desktop.

| ProjektLibre startet mit einer Abfrage, ob Sie ein neues Projekt erstellen<br><br>**oder**<br><br>ein vorhandenes öffnen möchten. | 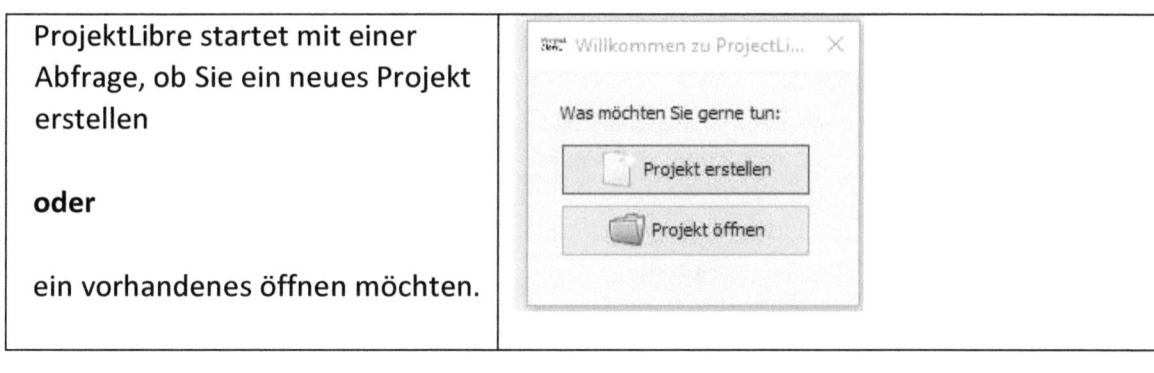 |

Nach der Auswahl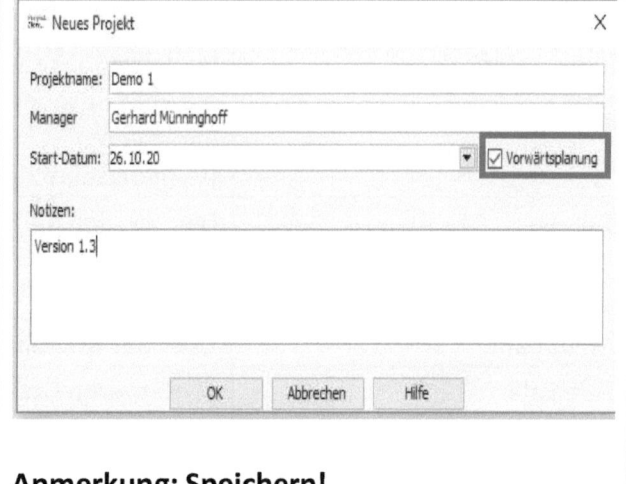

wird die folgende Projektinfo angezeigt

| <ul><li>geben Sie hier Ihrem Projekt einen Projektnamen</li><li>tragen den Projektmanager ein</li><li>wählen ein Projekt Start-Datum welches nachträglich geändert werden kann</li><li>**ACHTUNG**: lassen den Haken im Kästchen Vorwärtsrechnung (sonst führen Sie eine Rückwärtsrechnung durch)</li></ul> und vermerken Sie ggf. Notizen zum Projekt (Projektziele etc.) | Neues Projekt<br><br>Projektname: Demo 1<br>Manager: Gerhard Münninghoff<br>Start-Datum: 26.10.20 ☑ Vorwärtsplanung<br>Notizen:<br>Version 1.3<br><br>OK   Abbrechen   Hilfe<br><br>**Anmerkung: Speichern!** |

*Abbildung 1: Projektinfo*

## 1.2 ProjectLibre starten und beenden

## 1.3 ProjectLibre Anwendungsfenster

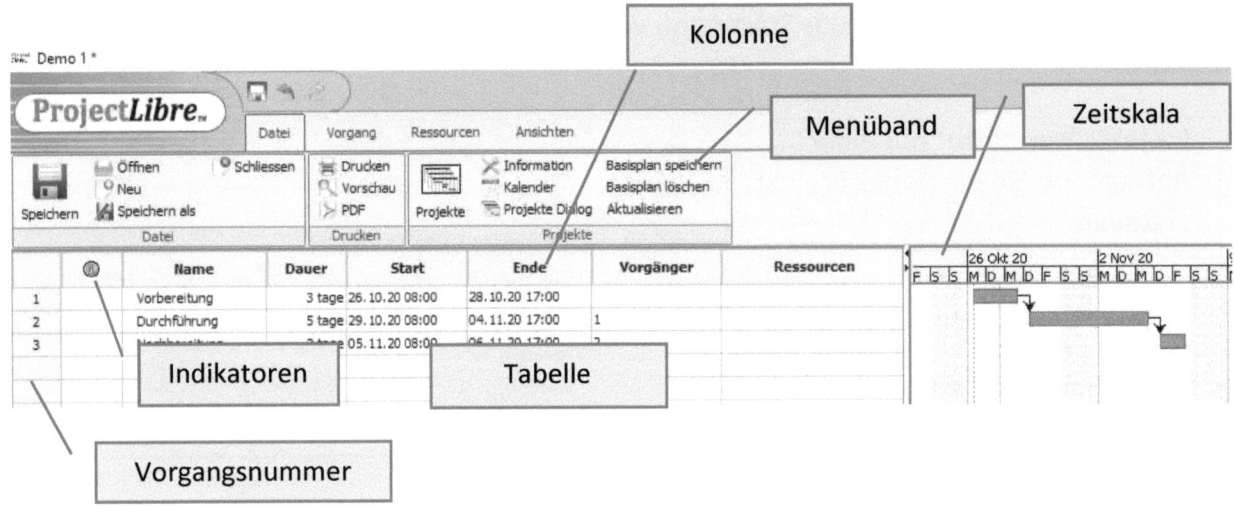

*Abbildung 2: Anwendungsfenster*

| Vorgangsnummer | Den eingegebenen Vorgängen werden automatisch Vorgangsnummern zugewiesen |
|---|---|
| Indikatoren | In dieser Spalte werden situationsabhängig Symbole angezeigt, die über Besonderheiten des entsprechenden Vorgangs informieren (Vorgangseinschränkungen, Notizen etc.) |
| Tabelle | Hier werden die Vorgangsliste und weitere Informationen angezeigt. Die Tabelle dient u.a. zur Eingabe von Vorgängen, Start und Dauer |
| Menüband | Über das Menüband werden die Programmfunktionen gesteuert |
| Zeitskala | In mehreren Grafikansichten (Balkendiagramm, Zuordnungsansicht) blendet ProjectLibre eine Zeitskala ein, deren Intervalle sich individuell verändern lassen |
| Kolonne | Hier lassen sich Kolonnen (Spalten) einfügen und löschen. Verschieben funktioniert mit dem Curser auf der jeweiligen Kolonne |

## 1.4 Das Menüband

ProjectLibre wird wie viele andere Programme über ein Menüband bedient. Es ist in vier Tabs unterteilt. Datei, Vorgang, Ressourcen und Ansicht.

### 1.4.1 Menüband „Datei"

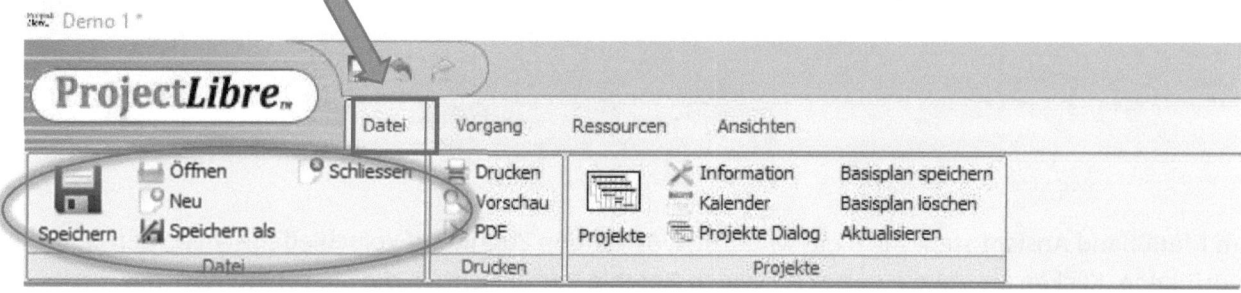

*Abbildung 3: Menüband "Datei"*

Im Menüband Datei stehen die Dateibefehle (speichern, öffnen, neu, schließen, speichern als) sowie das Druckmenü und die Befehle, die sich auf das Projekt beziehen zur Verfügung.

### 1.4.2 Menüband „Vorgang"

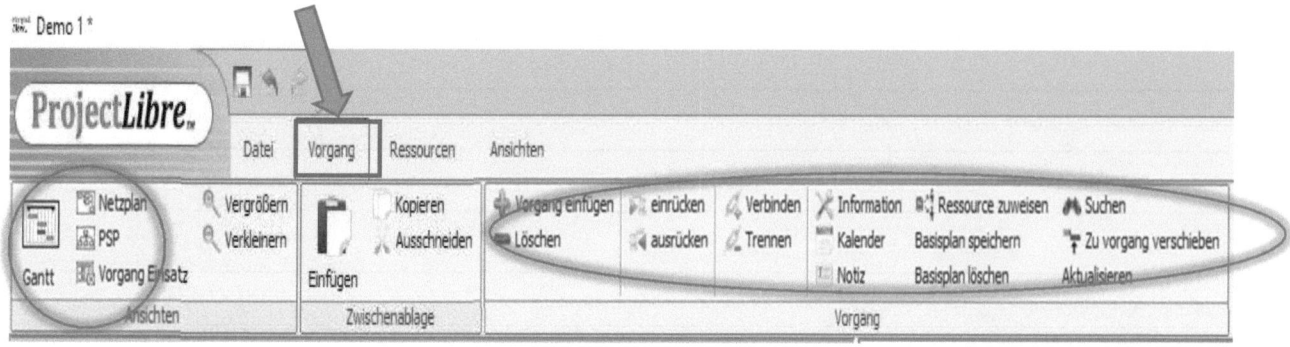

*Abbildung 4: Menüband "Vorgang"*

Im Menüband Vorgang finden sich die Befehle, die sich auf Vorgänge (Aufgaben, Tasks) beziehen und die sogenannten Vorgangsansichten (Gantt-Diagramm, Netzplan, Projektstrukturplan, Vorgang,

Einsatz).

### 1.4.3 Menüband „Ressourcen"

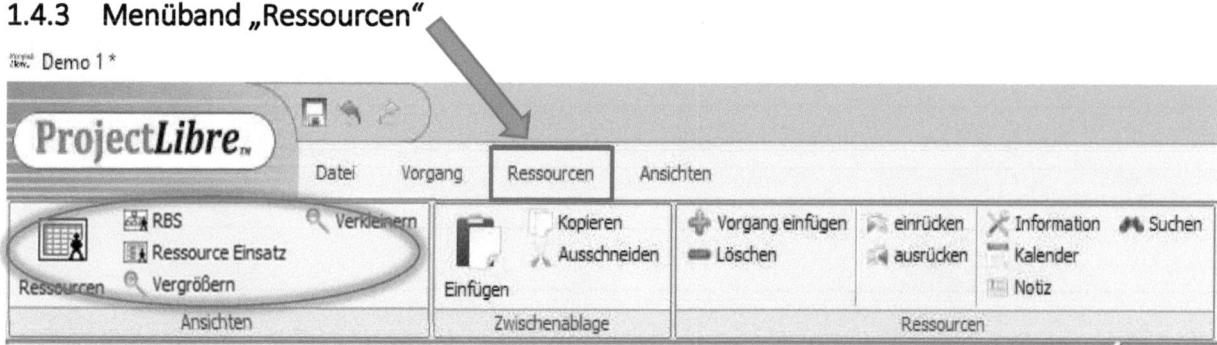

*Abbildung 5: Menüband "Ressourcen"*

Im Menüband Ressourcen sind die Befehle, die sich auf die Ressourcen (Menschen, Maschinen, Material) beziehen, sowie die Ressourcenansichten verfügbar.

### 1.4.4 Menüband „Ansicht"

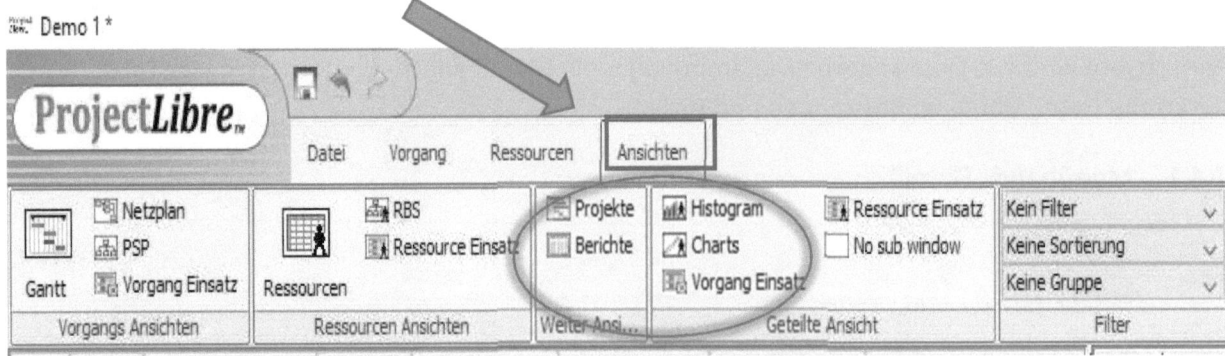

*Abbildung 6: Menüband "Ansicht"*

Im Menüband Ansicht steht noch ein weiterer Weg für den Zugriff auf verschiedene Ansichten zur Verfügung. Klicken Sie auf die entsprechenden Befehle der Ansichten, die Sie sehen möchten.

Ansichten sind bei der Projektplanung und Steuerung ein wichtiges Instrument. Weiterhin werden hier Möglichkeiten zum Filtern, Sortieren und Gruppieren angeboten.

**Raum für Notizen**

| |
|---|
| |
| |
| |
| |
| |
| |
| |
| |
| |
| |
| |
| |
| |
| |
| |
| |
| |
| |

# 2 Das Projekt

## 2.1 Kalender anpassen

ProjectLibre beinhaltet standardmäßig 3 Kalenderformate

- <u>Basiskalender</u>
  oder auch Standardkalender. Standard bedeutet
  8 Stunden/Tag und 5 Tage/Woche 08:00 - 12:00 Uhr und 13:00 - 17:00 Uhr.
  Wochenende ist planmäßig arbeitsfreie Zeit.

- <u>Nachtschicht</u>
  Nachtschicht geht über 2 Tage (ab 22:00 Uhr Nachts bis 07:00 Uhr morgens)

- <u>24-Stunden Kalender</u>
  24 Stunden bedeutet es werden 24 Stunden ohne Pause durchgearbeitet.

Es gibt 3 Kalenderarten, die Sie auch nebeneinander nutzen können:

**1)  Projektkalender:**

Für die globale Information zu ihrem Projekt benötigen Sie einen Projektkalender.

***ProjectLibre kann nur mit EINEM Projektkalender arbeiten.***

In dem Projektkalender werden die tatsächlichen Arbeitstage, welche für die Projektarbeit zur Verfügung stehen, festgelegt. Die gesetzlichen Feiertage sollten als arbeitsfreie Zeit markiert sein.

Unter „Optionen" können Sie individuelle globale Arbeitszeit festlegen,

z.B Ihnen stehen nur 3 Stunden am Tag für das Projekt zur Verfügung.

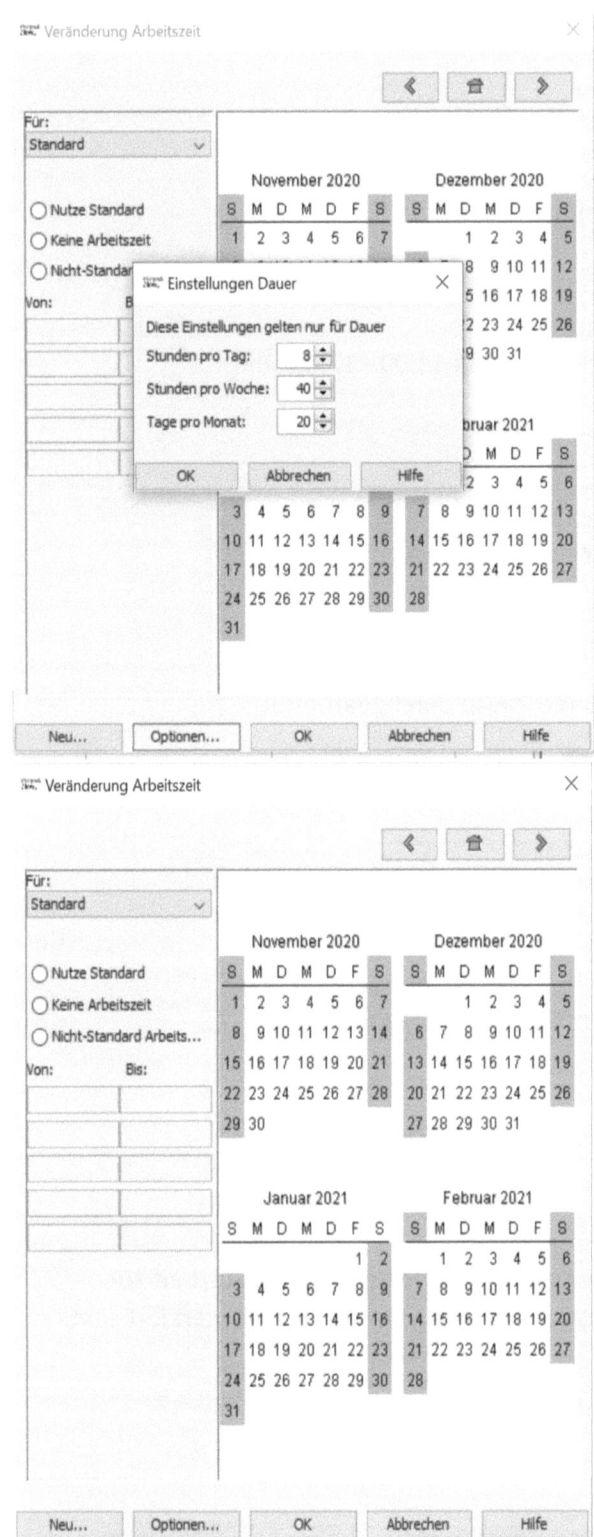

*Abbildung 7: Veränderung der Arbeitszeit I*

2) **Ressourcenkalender oder Arbeitskalender**: Wenn Sie mit Ressourcen (als Mitarbeitern) planen, benötigen Sie für jede Ressource einen Ressourcenkalender, der die Urlaubstage der Mitarbeiter oder ggf. Teilzeit berücksichtigt.

Ein Ressourcenkalender wird von ProjectLibre automatisch erzeugt, wenn eine Arbeitsressource angelegt wird. Wie Sie in diesem die individuellen freien Tage und Arbeitszeiten der einzelnen Mitarbeiter anlegen ist unter den Ressourceneigenschaften, die später folgen, beschrieben.

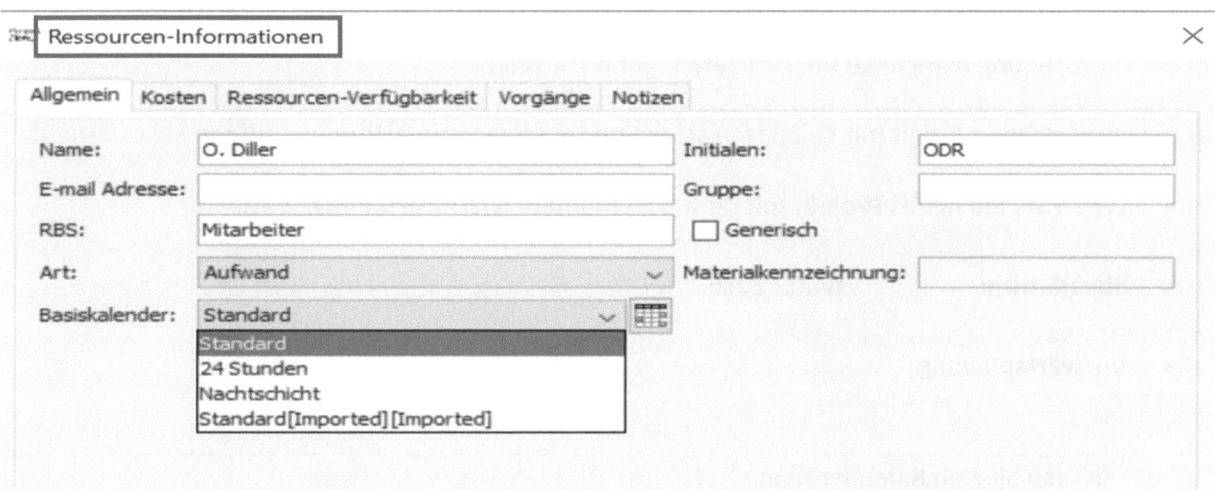

*Abbildung 8: Ressourcen-Informationen*

3) **Vorgangskalender**: Für Vorgänge, die einem eigenen Kalender folgen (Vorgänge, die z.B. in einem anderen Bundesland durchgeführt werden; Vorgänge, die nur an bestimmten Tagen beginnen sollen) können Sie Vorgangskalender anlegen und diese den einzelnen Vorgängen zuweisen.

*Abbildung 9: Vorgänge Information*

Diese benutzerdefinierten Kalender sind nur im aktuellen Projekt (der Projektdatei) vorhanden.

Wenn Sie mit Ihrem individuellen Kalender in allen Ihren Projekten arbeiten möchten (was sinnvoll ist), speichern Sie sich nach dem Anlegen Ihres Kalenders eine Vorlage-Datei ab.

**Die Kalender enthalten keine Feiertage, müssen also je nach Bundesland eingepflegt werden!**

Wir empfehlen Ihnen, diese standardisiert eingestellten Arbeitszeiten beizubehalten, da sich sonst bei der Umrechnung manchmal unerwartete Ergebnisse zeigen.

Für die nachfolgende Arbeit mit Kalendern schließen Sie bitte ProjectLibre und öffnen Sie es erneut.

- **Legen Sie ein neues Projekt mit dem Dateinamen: Marktforschung_1 an.**

- **Startdatum:          04.05.2020**

- **Vorwärtsplanung**

| | |
|---|---|
| <ul><li>Öffnen Sie den Kalender über Menüband Datei Gruppe Projekte – Kalender</li><li>Markieren Sie den Tag, für den Sie die<ul><li>Arbeitszeit ändern möchten (z.B. für alle Freitage können Sie den Spaltenkopf über dem F klicken, um alle Freitage zu markieren</li></ul></li><li>Wähen Sie Nicht-Standard Arbeitszeit für Tage mit abweichenden Arbeitszeiten</li><li>Ändern Sie die Arbeitszeit im Feld links</li><li>Wählen Sie keine Arbeitszeit für arbeitsfreie Tage (z.B. Feiertage)</li></ul>Bestätigen Sie mit der Return-Taste | 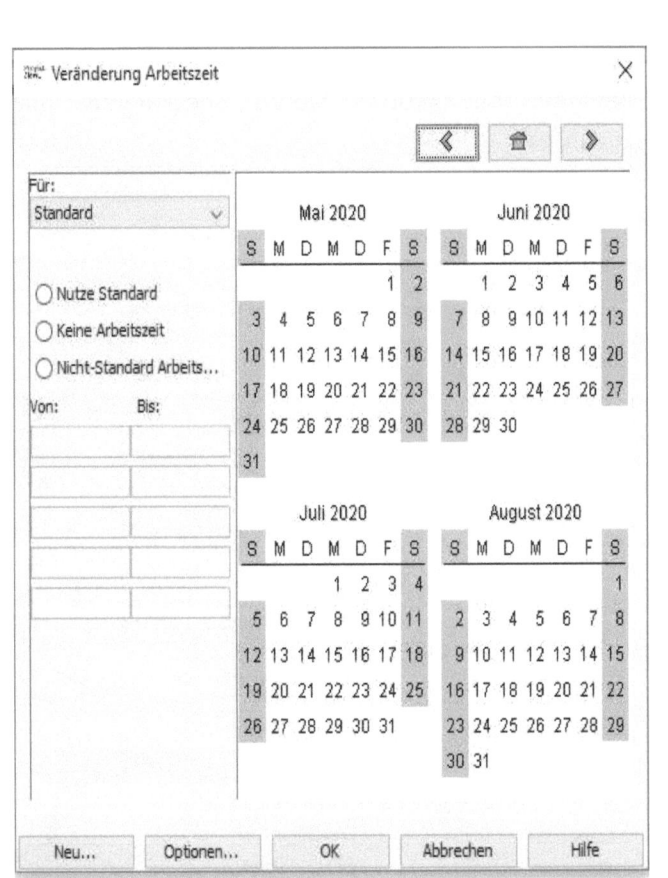 |

*Abbildung 10: Veränderung Arbeitszeit II*

Raum für Notizen

| |
|---|
| |
| |
| |
| |

## 2.2 Übung zu Kalender

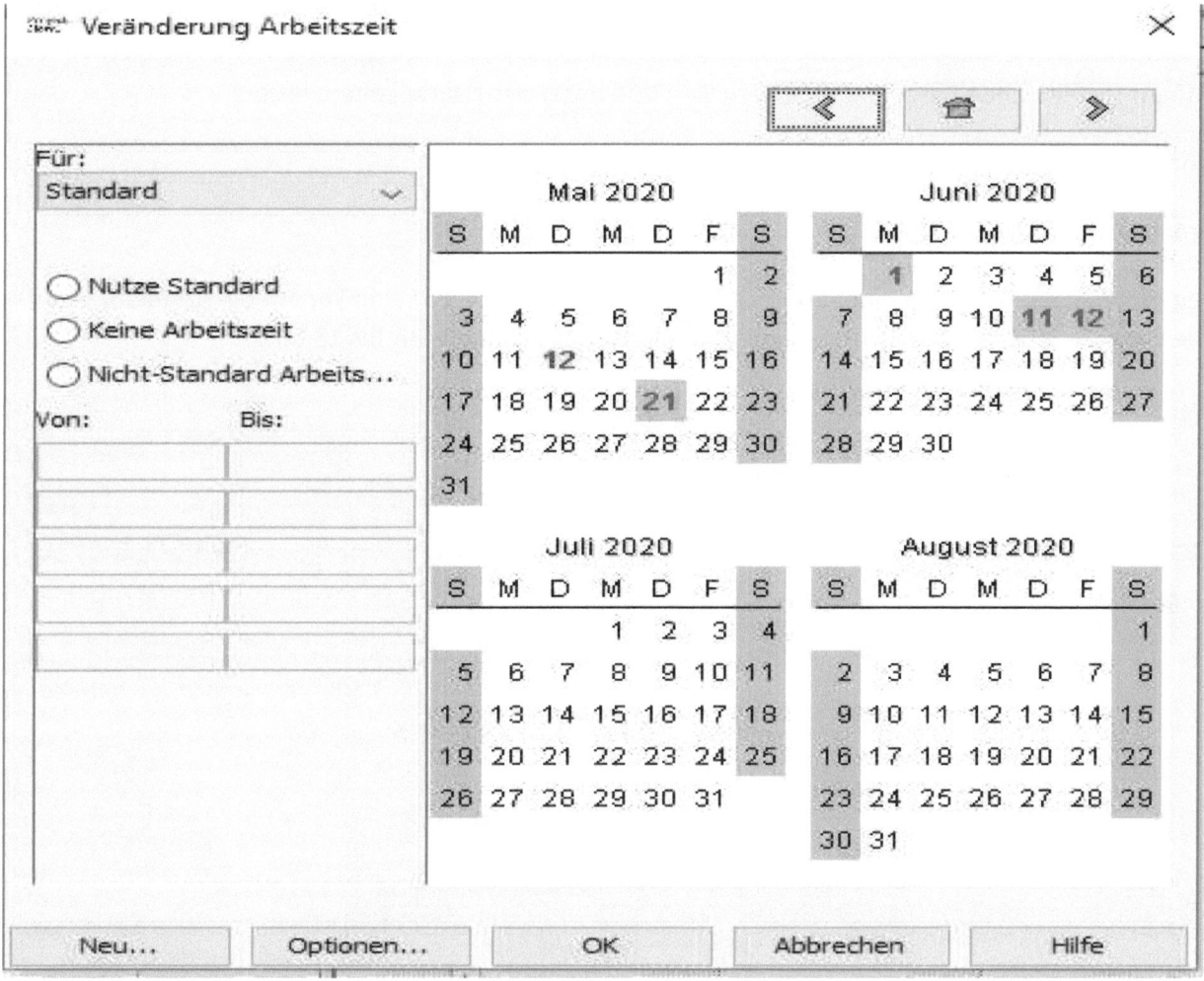

*Abbildung 11: Übung zu Veränderung Arbeitszeit, Marktforschung*

- Rufen Sie im Menü Band Datei in der Gruppe Projekte Kalender auf

- Legen Sie den 21.05., 01.06., 11.06. und 12.06 als arbeitsfreie Zeit fest

- Legen Sie für den 12.05. die Arbeitszeit von 08:00 Uhr bis 12:00 Uhr fest

- Überprüfen Sie Ihre Ergebnisse und speichern Sie anschließend Ihr Resultat

## Eine weitere Übung:

### Wichtig: Schließen sie zunächst ProjectLibre

Öffnen Sie eine neue Datei und speichern Sie diese unter dem Dateinamen: Friseur

Änderung des Wochenanfangs (z.B. Friseurhandwerk)

Projektstart ist der 09.07.2020

Legen Sie einen neuen Kalender als Kopie des Standardkalenders an und ändern die Arbeitstage auf Dienstag bis Samstag. Für Samstag gilt eine Arbeitszeit von 08:00 Uhr bis 13:00 Uhr.

Ergebnis:

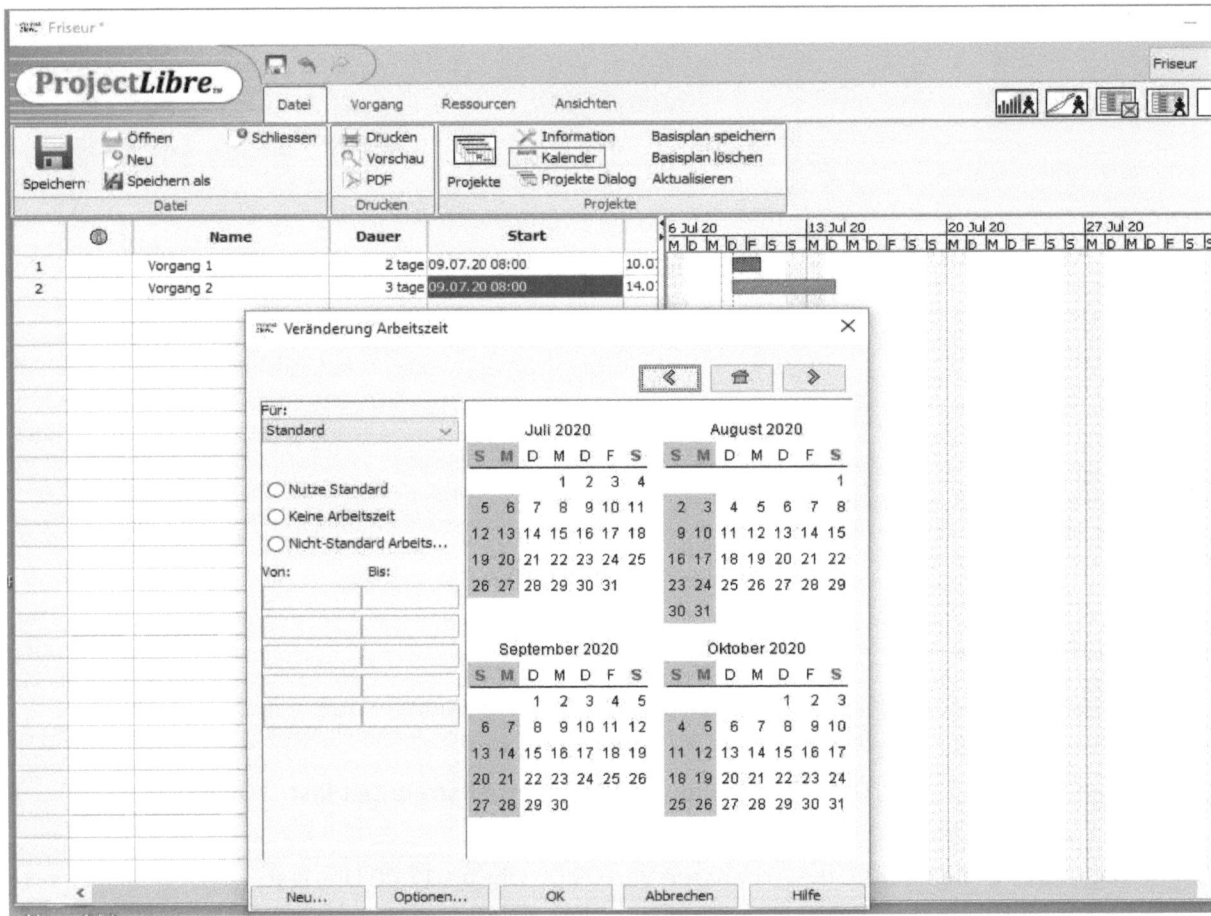

*Abbildung 12: Übung zu Veränderung Arbeitszeit, Friseur*

### Hinweis:

### Wenn ProjectLibre nicht geschlossen wird, ist diese Änderung auch für neue Projekte gültig!

**Fazit:** ProjectLibre schließen und erst dann ein neues Projekt beginnen.

# 2.3 Fallstudie Marktforschung

<u>Für die weiteren Übungen ist folgende Fallstudie Grundlage</u>

<u>Projekt Marktforschung</u>

Die Agentur „**MARKET**prove GmbH" hat den Auftrag erhalten für einen Kunden eine Marktforschungsstudie zu erheben.

Der Projektauftrag ist erteilt und als Projektleiter wird Herr Paul Edel benannt. Er hat mit der Geschäftsführerin Dorothe Ehrlich und dem Kunden alle offenen Fragen geklärt und kann jetzt loslegen.       **Das Budget ist auf € 30.000 festgelegt.**

Zur Unterstützung holt er sich Tessie Hilbert als Projektassistenz und Olivia Diller als weitere Projektmitarbeiterin ins Team.

Damit alle Projektbeteiligten auf den gleichen Wissenstand gebracht werden und die Wichtigkeit hervorgehoben wird, findet ein Kick-off Meeting statt. Dauer 2 Stunden. Beteiligt sind alle inkl. des Auftraggebers.

Für die Projektdauer wird ein Projektbüro zur Verfügung gestellt, dass pauschal mit € 300,00 berechnet wird. Kosten für weitere Materialien sind definiert.

Die Arbeitspakete werden definiert und gegliedert.

In die Vorbereitung fällt die Erstellung eines Erhebungsplans um zu wissen, wer und was gefragt werden soll. Dies ist Aufgabe von P. Edel und T. Hilbert (nur mit 4 St. Täglich). Dafür sind 4 Tage vorgesehen.

Danach sollen mit ausgewählten Probanden persönliche Interviews durchgeführt (14 Tage) werden. Die Interviews müssen vorbereitet (6 Tage) und im Anschluss ausgewertet (5 Tage) werden. Betraut mit diesem Teilprojekt ist T. Hilbert.

Zeitgleich mit den Interviews wird an Fragebögen gearbeitet, die an weitere Probanden verschickt werden, die nicht persönlich befragt werden sollen. Die Fragebögen müssen vorbereitet (4 Tage), gedruckt und versendet (12 Tage). In diesem Vorgang ist eine gewisse Wartezeit für den Rücklauf schon einberechnet, so dass O. Diller nur mit (0% dem Vorgang zugeteilt wird. Im Anschluss werden die Fragebögen ausgewertet (4 Tage).

Die Auswertungen der Interviews und Fragebögen werden konsolidiert (5 Tage).
**Das ist Aufgabe der Projektleitung (50%) und der Projektassistenz (4 Std. täglich)**

Nach der Zusammenfassung der Ergebnisse ist das Projektende erreicht. Zur Fortschrittskontrolle wird an das Ende einer jeden Phase ein Meilenstein gesetzt.

Die Projektbeteiligten sind im Unternehmen angestellt und werden verursachungsgerecht nach Stunden abgerechnet.

| | | | |
|---|---|---|---|
| **Geschäftsführung:** | € 80,00 | **PL:** | € 65,00 |
| **PA:** | € 55,00 | **PMA:** | € 50,00 |

## 2.3.1 Mit Ansichten und Tabellen arbeiten

**Für die weiteren Lektionen greifen Sie bitte zunächst auf das bereits gespeicherte Projekt mit dem Namen: Marktforschung_1 (Projektstart 04.05.2020) zurück!**

ProjectLibre verfügt über eine Anzahl vordefinierter Ansichten und Tabellen, die für die verschiedenen Aufgaben der Projektplanung und -kontrolle benötigt werden.

Die meisten vorbereiteten Ansichten erreichen Sie über die einzelnen Menübänder oder für die geteilten Ansichten (oberes Fenster = gewählte Standardansicht, unteres Fenster eine weitere Ansicht) über das Menüband Ansicht oben rechts.

Auf die einzelnen Ansichten kommen wir noch im Verlauf dieses Scripts.

### 2.3.1.1 Ansichten in Tabellen

**Tabellen**

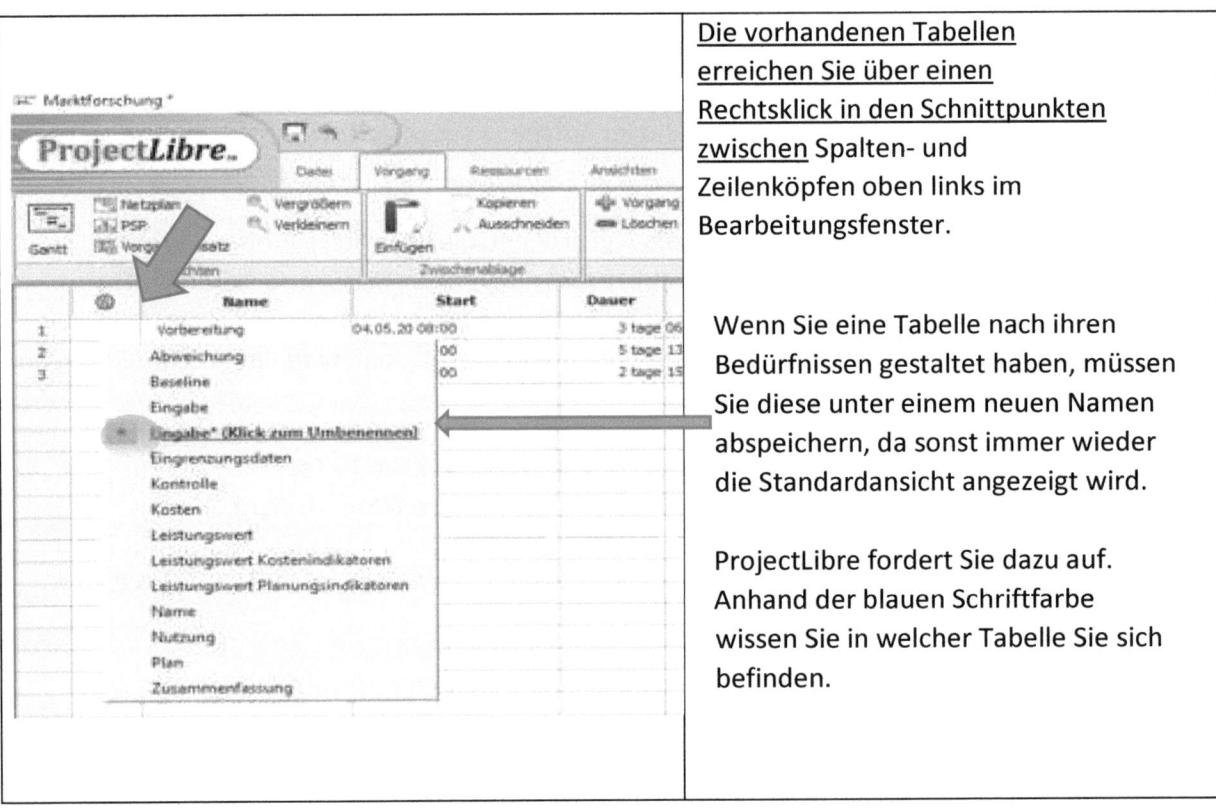

Die vorhandenen Tabellen erreichen Sie über einen Rechtsklick in den Schnittpunkten zwischen Spalten- und Zeilenköpfen oben links im Bearbeitungsfenster.

Wenn Sie eine Tabelle nach ihren Bedürfnissen gestaltet haben, müssen Sie diese unter einem neuen Namen abspeichern, da sonst immer wieder die Standardansicht angezeigt wird.

ProjectLibre fordert Sie dazu auf. Anhand der blauen Schriftfarbe wissen Sie in welcher Tabelle Sie sich befinden.

*Abbildung 13: Tabellen*

1) **Tabelle: Eingabe** ist die Standardtabelle.

In dieser Tabellenansicht geben Sie die Vorgänge ein und alle zusätzlichen Informationen, die notwendig sind, wie Dauer, Ressourcenzuteilung u.w.

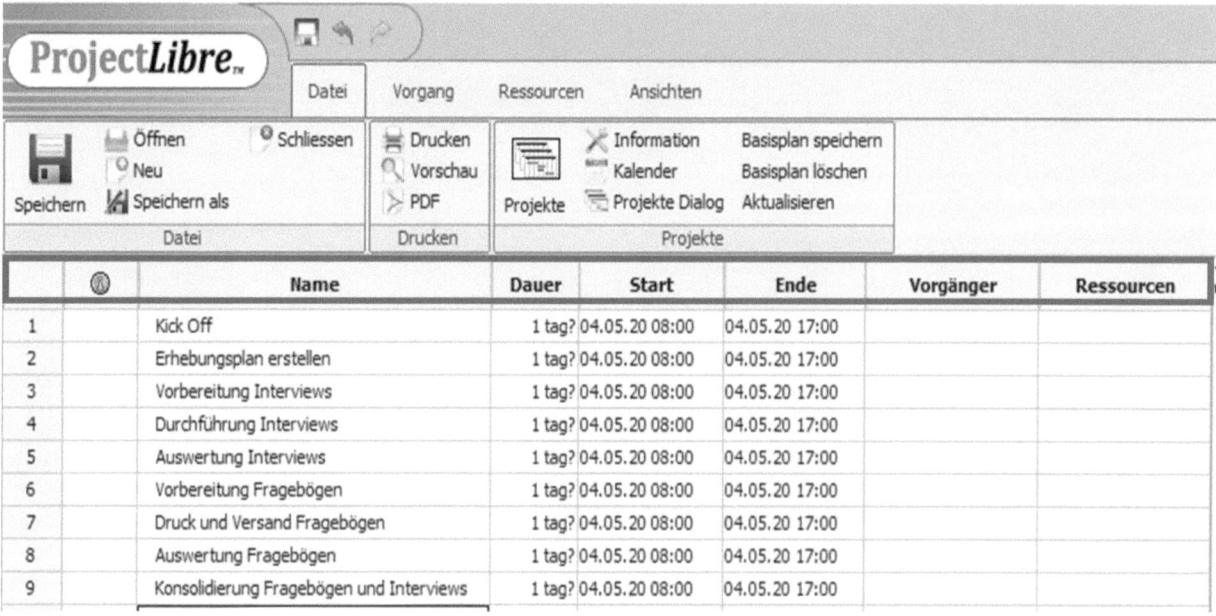

*Abbildung 14: Tabelle Eingabe*

2) **Tabelle: Kosten** beinhaltet die kalkulierten Projektkosten, die sich aus den zugeordneten, bewerteten Ressourcen ergeben.

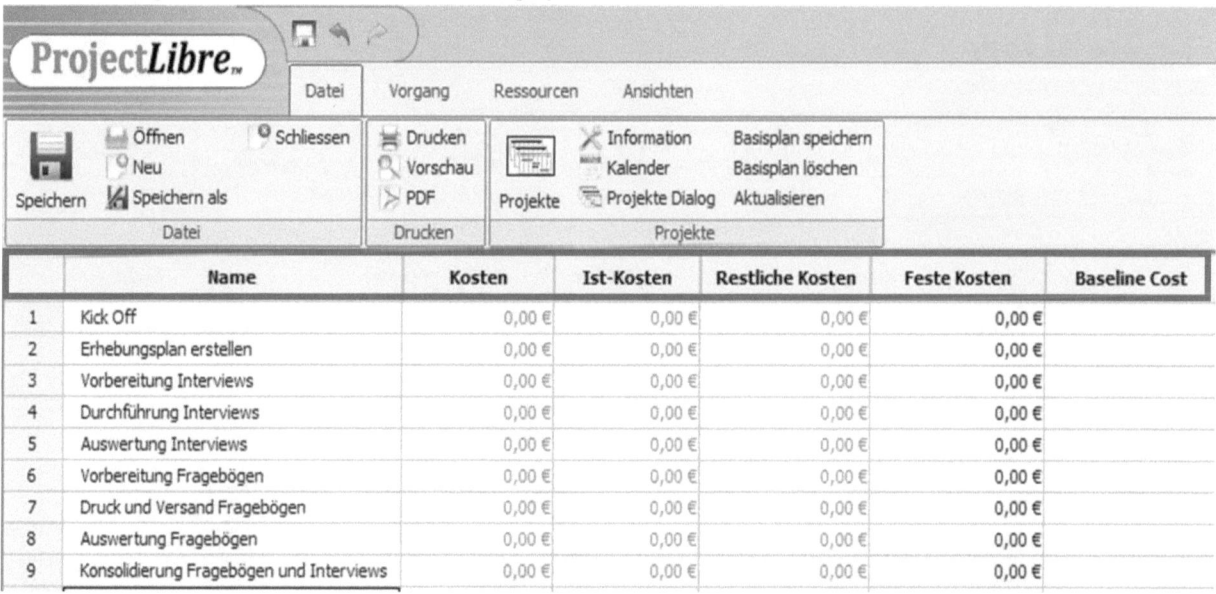

*Abbildung 15: Tabelle Kosten*

**3)** Tabelle: Kontrolle zeigt Ihnen den Fortschritt in Ihrem Projekt an

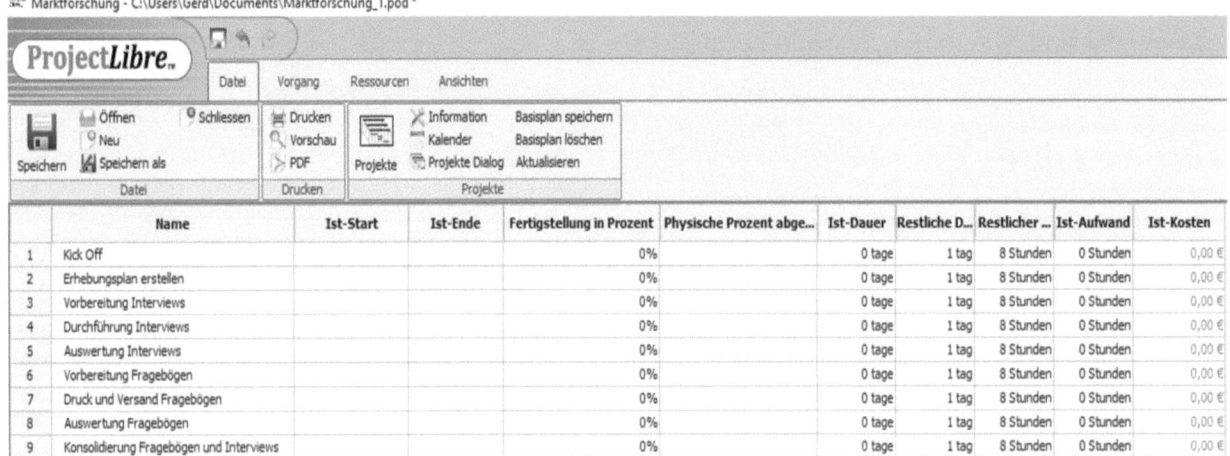

| | Name | Ist-Start | Ist-Ende | Fertigstellung in Prozent | Physische Prozent abge... | Ist-Dauer | Restliche D... | Restlicher ... | Ist-Aufwand | Ist-Kosten |
|---|---|---|---|---|---|---|---|---|---|---|
| 1 | Kick Off | | | 0% | | 0 tage | 1 tag | 8 Stunden | 0 Stunden | 0,00 € |
| 2 | Erhebungsplan erstellen | | | 0% | | 0 tage | 1 tag | 8 Stunden | 0 Stunden | 0,00 € |
| 3 | Vorbereitung Interviews | | | 0% | | 0 tage | 1 tag | 8 Stunden | 0 Stunden | 0,00 € |
| 4 | Durchführung Interviews | | | 0% | | 0 tage | 1 tag | 8 Stunden | 0 Stunden | 0,00 € |
| 5 | Auswertung Interviews | | | 0% | | 0 tage | 1 tag | 8 Stunden | 0 Stunden | 0,00 € |
| 6 | Vorbereitung Fragebögen | | | 0% | | 0 tage | 1 tag | 8 Stunden | 0 Stunden | 0,00 € |
| 7 | Druck und Versand Fragebögen | | | 0% | | 0 tage | 1 tag | 8 Stunden | 0 Stunden | 0,00 € |
| 8 | Auswertung Fragebögen | | | 0% | | 0 tage | 1 tag | 8 Stunden | 0 Stunden | 0,00 € |
| 9 | Konsolidierung Fragebögen und Interviews | | | 0% | | 0 tage | 1 tag | 8 Stunden | 0 Stunden | 0,00 € |

*Abbildung 16: Tabelle Kontrolle*

Auf weitere Tabellen gehen wir noch ein.

Sie können sich auch eigene Tabellen definieren. Viele Projektplaner arbeiten mit einer eigenen Tabelle für die Eingabe, in der z.B. die Spalten Aufwand (=Arbeitsstunden) und Art (Vorgangsart) enthalten sind.

Klicken Sie rechts auf den Spaltenkopf der Spalte vor der eine weitere Spalte eingefügt werden soll.

Dann erhalten Sie das Kontextmenü um Kolonnen (Spalten) aus- bzw. einzublenden.

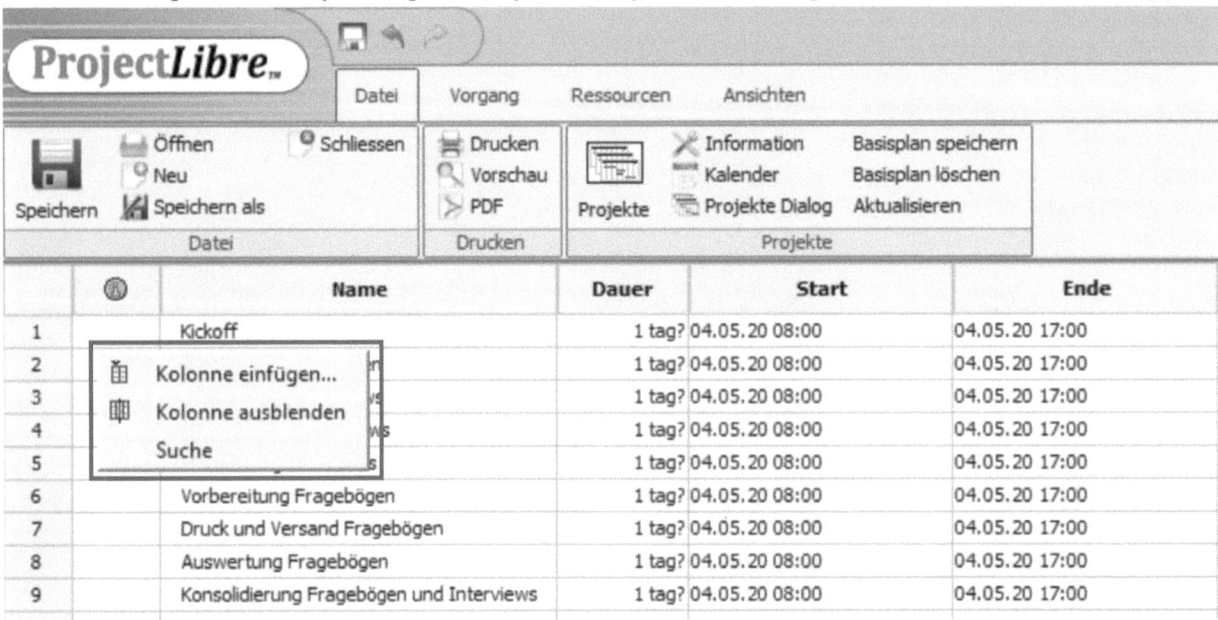

*Abbildung 17: Kolonne einfügen/ausblenden*

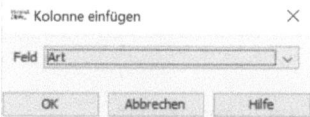

Ein weiteres Auswahlmenü öffnet sich und Sie können sich gewünschte Spalte (Kolonne) einfügen.

| | ⊕ | Name | Art | Dauer | Start | Ende |
|---|---|---|---|---|---|---|
| 1 | | Kickoff | Feste Dauer | 1 tag? | 04.05.20 08:00 | 04.05.20 17:00 |
| 2 | | erhebungsplan erstellen | Feste Dauer | 1 tag? | 04.05.20 08:00 | 04.05.20 17:00 |
| 3 | | Vorbereitung Interviews | Feste Dauer | 1 tag? | 04.05.20 08:00 | 04.05.20 17:00 |
| 4 | | Durchführung Interviews | Feste Dauer | 1 tag? | 04.05.20 08:00 | 04.05.20 17:00 |
| 5 | | Auswertung Interviews | Feste Dauer | 1 tag? | 04.05.20 08:00 | 04.05.20 17:00 |
| 6 | | Vorbereitung Fragebögen | Feste Dauer | 1 tag? | 04.05.20 08:00 | 04.05.20 17:00 |
| 7 | | Druck und Versand Fragebögen | Feste Dauer | 1 tag? | 04.05.20 08:00 | 04.05.20 17:00 |
| 8 | | Auswertung Fragebögen | Feste Dauer | 1 tag? | 04.05.20 08:00 | 04.05.20 17:00 |
| 9 | | Konsolidierung Fragebögen und Interviews | Feste Dauer ∨ | 1 tag? | 04.05.20 08:00 | 04.05.20 17:00 |

*Abbildung 18: Feste Dauer auswählen*

Wenn Sie Ihre Tabelle auf Ihre Bedürfnisse angepasst haben, können Sie diese unter einem eigenen Namen (z.B. meine Eingabetabelle) speichern.

Führen Sie wieder einen Rechtsklick mit der Maus in den Schnittpunkt der Zeilen- und Spaltenköpfe aus.

In der Namenstabelle ist eine Tabelle blau eingefärbt. Klicken Sie diese an, dann können Sie die Tabelle umbenennen.

Speichern Sie individuelle Tabellen nicht unter neuem Namen ab, wird beim nächsten Aufrufen der Tabellen der Standard gezeigt.

### 2.3.2 Ansichten im Diagramm-Fenster

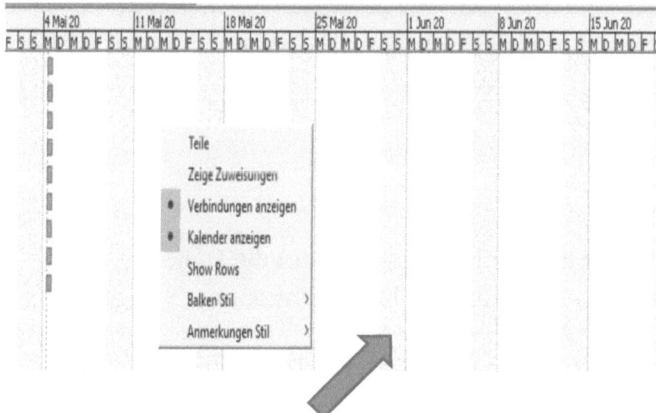

Mit einem Rechtsklick im Diagrammbereich öffnet sich ein Auswahlmenü.

Auf verschiedene Funktionen kommen wir noch später zu sprechen.

An dieser Stelle der Hinweis, wenn Sie die Funktion „Kalender anzeigen" anklicken, wird Ihnen der Projektkalender angezeigt.

*Abbildung 19: Nicht Arbeitszeiten*

Die „Nicht-Arbeitszeiten" sind grau hinterlegt.

# 3 Vorgänge

## 3.1 Vorgänge eingeben, einfügen, verschieben, kopieren, löschen

### 3.1.1 Vorgangsnamen eingeben

Beim Anlegen eines neuen Projektes öffnet ProjectLibre standardmäßig die Ansicht Balkendiagramm (Gantt) mit der Tabelle Eingabe. Die unten gezeigte Tabelle dient zur Eingabe der Vorgänge.

*Abbildung 20: Vorgangsliste Dauer 1t?*

- Klicken Sie mit der Maus in der Spalte Name in die erste Zeile
- Geben Sie die Bezeichnung für den Vorgang ein.
- Bestätigen Sie die Eingabe durch die Enter-Taste (Return)

Nach erfolgter Eingabe aller Vorgänge speichern Sie Ihr Zwischenergebnis bitte unter:
**Marktforschung_2**

### 3.1.2 Vorgangsdauer erfassen

Geben Sie die Dauer des Vorgangs in die Spalte Dauer ein. ProjectLibre rechnet die Dauer immer in Tage um. Sie können z.B. 1w (1 Woche) eingeben. ProjectLibre macht daraus 5 Tage.

Die Eingabe 1M führt zu einer Anzeige von 20 Tagen. 1h (1 Stunde) zu 0,125 Tagen.
Die Eingabe 1m führt zu 0.002 Tagen, da das kleine m für Minuten steht.

| | ⑩ | Name | Text1 | Dauer |
|---|---|---|---|---|
| 1 | | Kick Off | Eingabe 1M Umrechnung = | 20 tage |
| 2 | | Erhebungsplan erstellen | Eingabe 1w Umrechnung = | 5 tage |
| 3 | | Vorbereitung Interviews | Eingabe 1t keine Umrechnung | 1 tag |
| 4 | | Durchführung Interviews | Eingabe 1h Umrechnung = | 0,125 tage |
| 5 | | Auswertung Interviews | Eingabe 1m Umrechnung = | 0,002 tage |

Abbildung 21: Vorgangsdauer erfassen

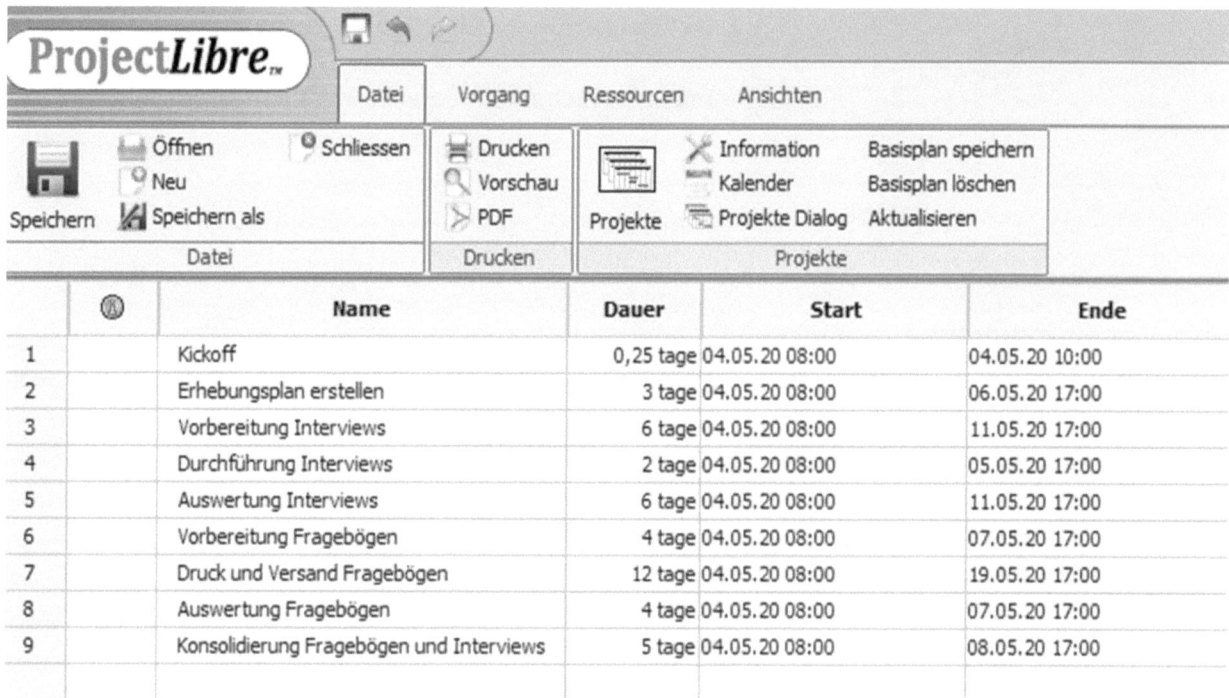

*Abbildung 22: Zwischenergebnis "Marktforschung_3"*

Nach erfolgter Eingabe aller Dauern speichern Sie Ihr Zwischenergebnis bitte unter:

**Marktforschung_3**

### 3.1.3 Vorgänge einfügen/löschen

Ein neuer Vorgang wird oberhalb der Markierung eingefügt. Vorgänge Löschen, markieren und löschen.

*Abbildung 23: Vorgänge einfügen/Löschen*

oder

Rechtsklick mit der Maustaste

und entsprechenden Befehl auswählen.

*Abbildung 24: Vorgänge einfügen/löschen*

### 3.1.4 Vorgänge verschieben/kopieren

Vielleicht stellen Sie fest, dass ein Vorgang nicht an der richtigen Position angeordnet ist oder Sie einen Vorgang mehrmals benötigen.

⁙ Vorgang markieren, Verschieben über Ausschneiden/Einfügen
⁙ Vorgang markieren, Kopieren/Einfügen

Marktforschung - C:\Users\Gerd\Documents\Marktforschung_2.pod *

> Vorgang verschieben,
> Ausschneiden/Einfügen
> Kopieren

| | | Name | Dauer | Start | Ende |
|---|---|---|---|---|---|
| 1 | | Kick Off | 0,25 tage | 04.05.20 08:00 | 04.05.20 10:00 |
| 2 | | Erhebungsplan erstellen | 3 tage | 04.05.20 08:00 | 06.05.20 17:00 |
| 3 | | Vorbereitung Interviews | 6 tage | 04.05.20 08:00 | 11.05.20 17:00 |
| 4 | | Durchführung Interviews | 2 tage | 04.05.20 08:00 | 05.05.20 17:00 |
| 5 | | Auswertung Interviews | 6 tage | 04.05.20 08:00 | 11.05.20 17:00 |
| 6 | | Vorbereitung Fragebögen | 4 tage | 04.05.20 08:00 | 07.05.20 17:00 |
| 7 | | Druck und Versand Fragebögen | 12 tage | 04.05.20 08:00 | 20.05.20 13:00 |
| 8 | | Auswertung Fragebögen | 4 tage | 04.05.20 08:00 | 07.05.20 17:00 |
| 9 | | Konsolidierung Fragebögen und Interviews | 5 tage | 04.05.20 08:00 | 08.05.20 17:00 |

*Abbildung 25: Vorgang Ausschneiden/Einfügen/Kopieren*

## 3.2 Vorgänge gliedern

### 3.2.1 Gliederung eingeben

Nach Eingabe der einzelnen Vorgänge sollten diese sinnvoll strukturiert werden (Work Break-Down Structure/PSP). Jedes Projekt wird in Abschnitte (Phasen, Objekte etc.) unterteilt, die das Projekt strukturieren.

In unserem Beispiel „Marktforschung" können wir z.B. folgenden Phasen definieren

Jeder Abschnitt endet mit einem Meilenstein. Der Endmeilenstein repräsentiert das Ergebnis der Phase.

Innerhalb der Phase befinden sich alle Vorgänge, die erledigt werden müssen, um das Meilensteinergebnis (das sog. Lieferobjekt) zu erstellen.

Durch das Herunterstufen von Einzelvorgängen (Aktivitäten) unter einen übergeordneten Sammelvorgang (Phase) lässt sich eine hierarchische Struktur herstellen, die mehrere Gliederungsebenen umfassen kann. D.h. Phasen können in weiter Unterphasen unterteilt werden.

Im Balkendiagramm wird ein Sammelvorgang als schwarzer Balken mit Anfangs- und Endpunkt angezeigt.

Start- und Endtermin ergeben sich aus der Dauer und den Beziehungen der untergeordneten Vorgänge. **Das heißt: Für eine Phase kann man keine Dauer erfassen!**

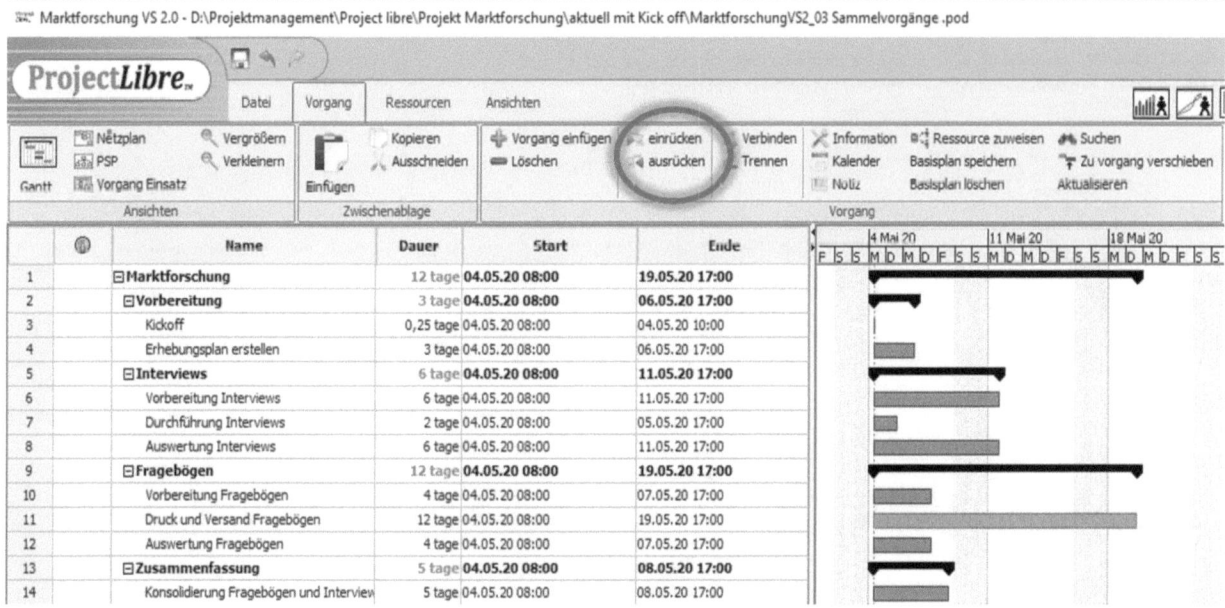

*Abbildung 26: Vorgänge gliedern "Marktforschung 4_1"*

### 3.2.2 Sammelvorgänge erstellen

Um einen Sammelvorgang zu erstellen, muss zunächst ein neuer Vorgang vor den unterzuordnenden Vorgängen eingefügt werden (hier z.B. Interviews).

Um Vorgänge tiefer zu stufen müssen diese nun markiert werden (Shift +⬇), anschießend auf eine Ebene tiefer (**einrücken**).

Vorgänge höher zu stufen erfolgt auf dem gleichen Weg, nur eine Ebene höher (**ausrücken**).

**Speicher Sie die Datei unter Marktforschung 4_1**

## 3.3 Meilensteine und Stichtage einfügen

Meilensteine sind Ereignisse besonderer Bedeutung im Projektverlauf. Sie stellen Phasenübergänge dar oder markieren wichtige Termine und Entscheidungszeitpunkte.

Die Endmeilensteine einer Phase bedeuten, dass Lieferobjekte (Outputs) erreicht sein sollen, die die gewünschten Ergebnisse beschreiben.

Beispiel: Interviewaktion abgeschlossen

Einen Meilenstein erzeugen Sie dadurch, dass Sie einen neuen Vorgang ohne Dauer erzeugen.

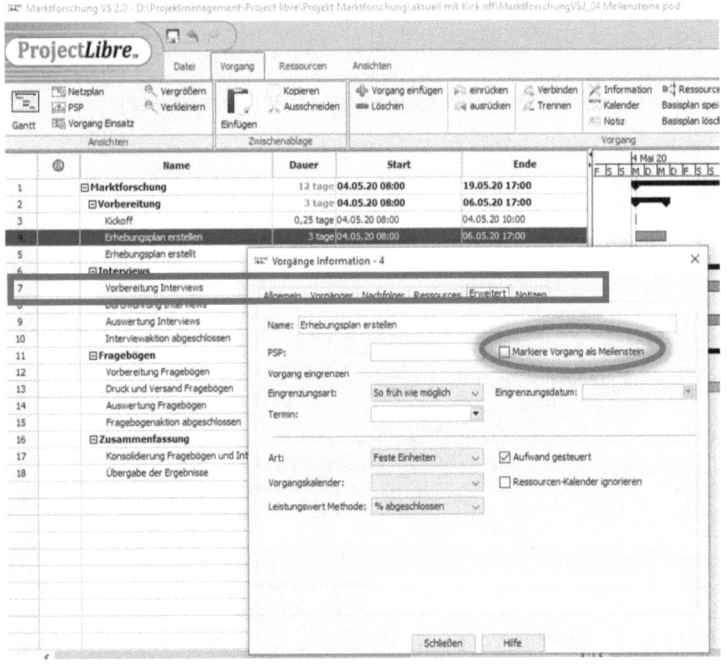

Anmerkung:

Sie haben auch die Möglichkeit in der Vorgangsinformation einen beliebigen Vorgang als Meilenstein zu markieren.

*Abbildung 27: Meilenstein einfügen I*

Als Ergebnis wird der Vorgang zum Meilenstein, aber der Vorgangsbalken verschwindet.

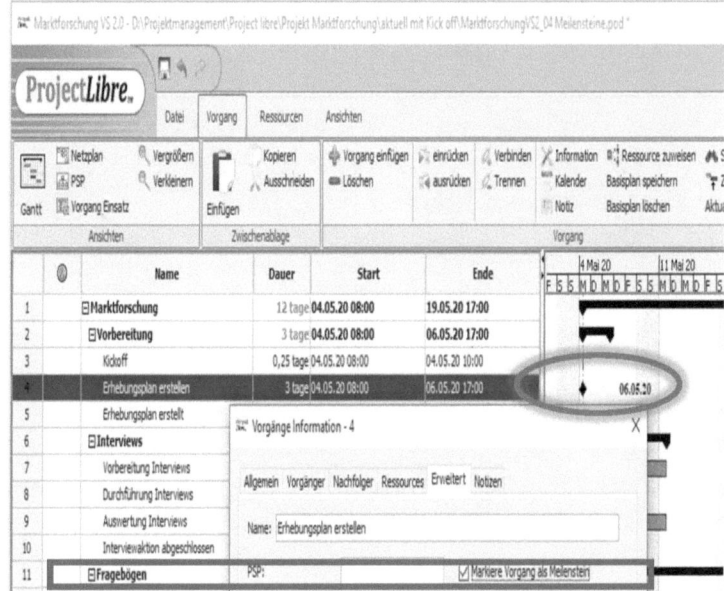

Das ist suboptimal für die Projektsteuerung, da selten ein Projekt komplett reibungslos verläuft und Ihnen der Ansatzpunkt zum Eingreifen evtl. fehlt.

**Wir raten von dieser Vorgehensweise ab!**

*Abbildung 28: Meilenstein einfügen II*

Meilensteine befinden sich auf der gleichen Strukturebene wie die Phase selbst. Als Ergebnis haben wir einen Projektstrukturplan.

**Anmerkungen:**

Erst im späteren Verlauf wird durch die Verknüpfung der Vorgänge die Ablauf- und Terminplanung erstellt. (Siehe nächstes Kapitel)

ProjectLibre kennt keinen sog. Projektsammelvorgang, der als Sammelvorgang das Projekt bezeichnet.

Hier wurde hilfsweise der 1. Vorgang mit dem Projektnamen versehen und bildet die oberste Ebene der Projektstruktur.

## 3.3.1 Stichtage

Sie können für einzelne Vorgänge auch Stichtage festlegen, die für Sie z.B. als Deadlines wichtig sind. Der Stichtag wird als gelbe Raute dargestellt.

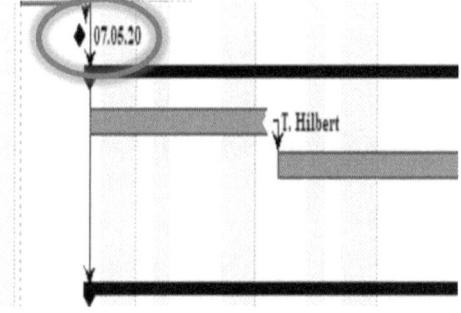

Dazu rufen Sie die Vorgangsinformation auf und stellen ein Datum ein.

*Abbildung 29: Stichtage festlegen*

### 3.3.2 Ausschnitt Projektstrukturplan (Liste)

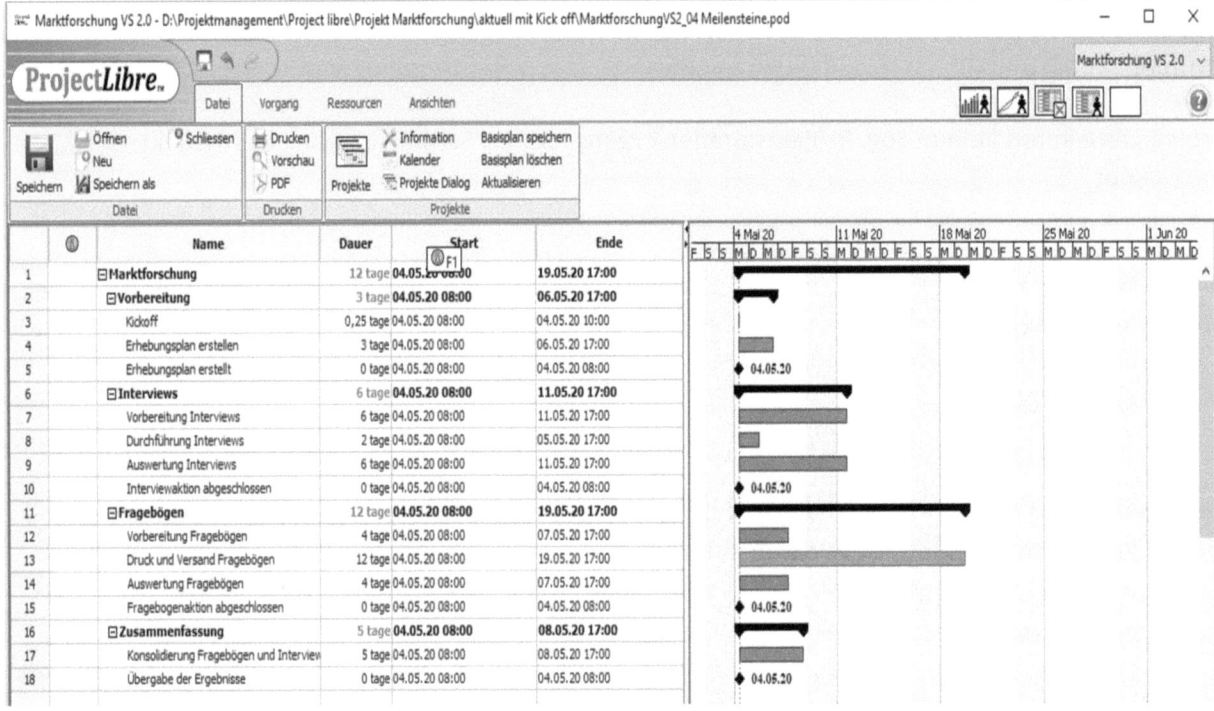

*Abbildung 30: Ausschnitt PSP (Liste)*

### 3.3.3  Ausschnitt PSP (Grafik)

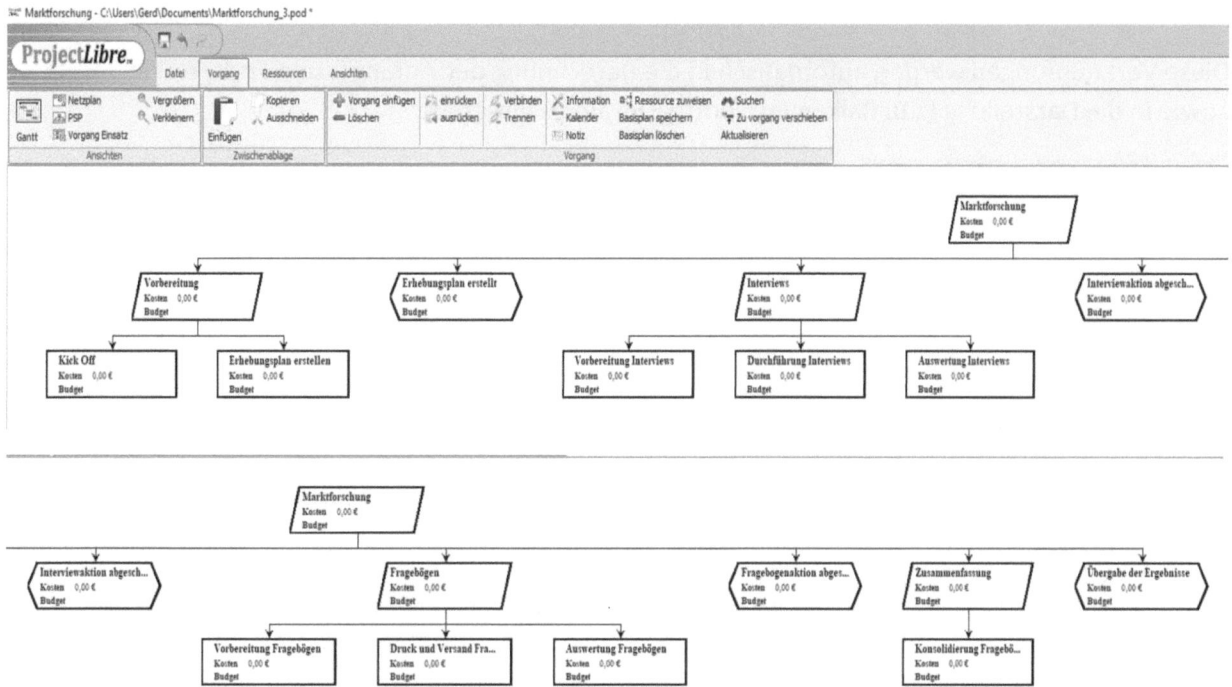

*Abbildung 31: Ausschnitt PSP (Grafik)*

# 3.4 Anordnungsbeziehungen (Vorgangsverknüpfungen)

### 3.4.1  Arten von Anordnungsbeziehungen (Vorgangsverknüpfungen)

Anordnungsbeziehungen beschreiben den logischen Ablauf innerhalb eines Projektes und bilden somit die Ablauf- und Terminplanung.

(Erst muss der Erhebungsplan erstellt werden, dann kann mit den Vorbereitungen der Interviews und der Fragebögen begonnen werden).

Hierbei werden entweder Vorgänger oder Nachfolger sowie die Art der Anordnungsbeziehung festgelegt.

| Anordnungsbeziehungen zwischen Vorgänger und Nachfolger | |
|---|---|
| EA (Ende-Anfang) | Der Vorgang kann erst begonnen werden, wenn sein Vorgänger endet (Normalfolge) |
| AA (Anfang-Anfang) | Beide Vorgänge beginnen zum selben Zeitpunkt (Anfangsfolge) |
| EE (Ende-Ende) | Beide Vorgänge enden zu selben Zeitpunkt (Endfolge) |
| AE (Anfang-Ende) | Der Vorgang kann erst enden, wenn der Vorgänger begonnen hat (Sprungfolge) |

ProjectLibre erstellt standardmäßig die sog. Normalfolge (EA).

Andere Anordnungsbeziehungen müssen manuell erfasst werden.

Diese Verknüpfungen werden automatisch in die Berechnung der Anfangs- und Endtermine sowie in die Darstellung (z.B. Balken im Gantt-Diagramm) integriert.

Bei jeder Veränderung der Verknüpfungen werden Termine und Balken automatisch angepasst.

Vorgänge mit EA-Verknüpfungen versehen:

- Markieren Sie in der Vorgangstabelle die Vorgänge, die verknüpft werden sollen

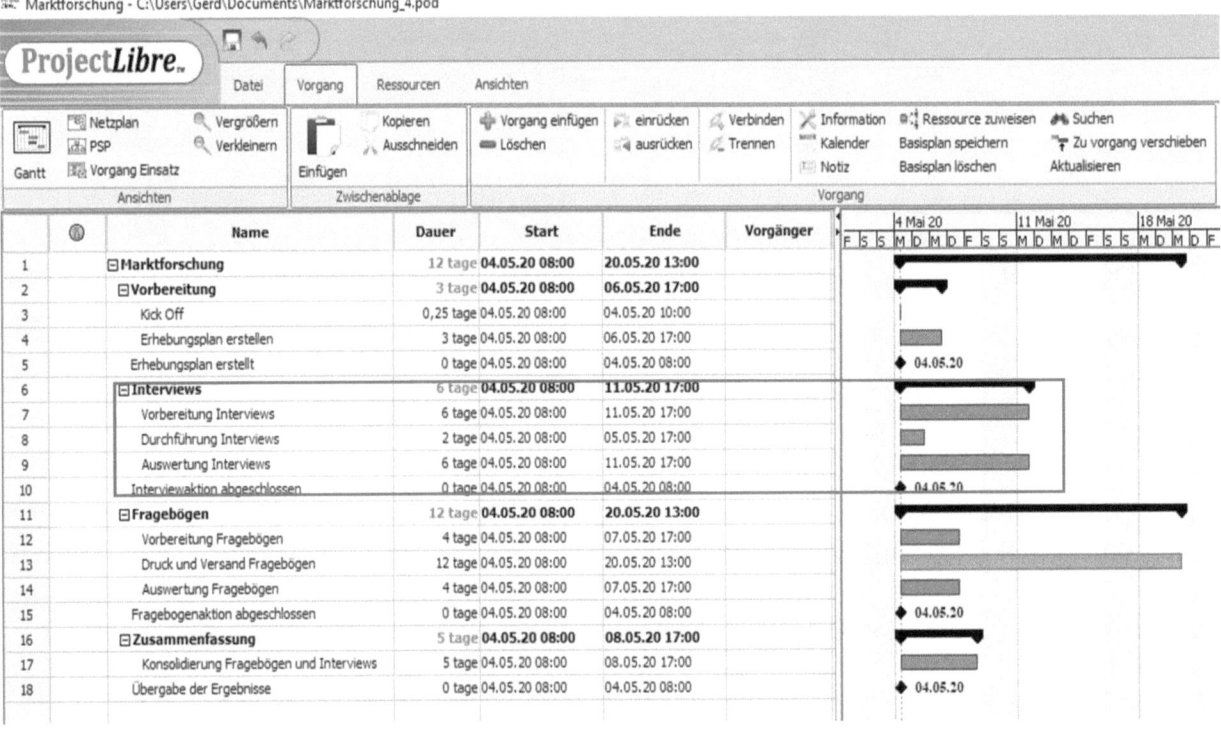

*Abbildung 32: Vorgänge verknüpfen*

Die Funktion „verknüpfen" finden Sie im Menüband Vorgang – Gruppe Vorgang „verbinden"

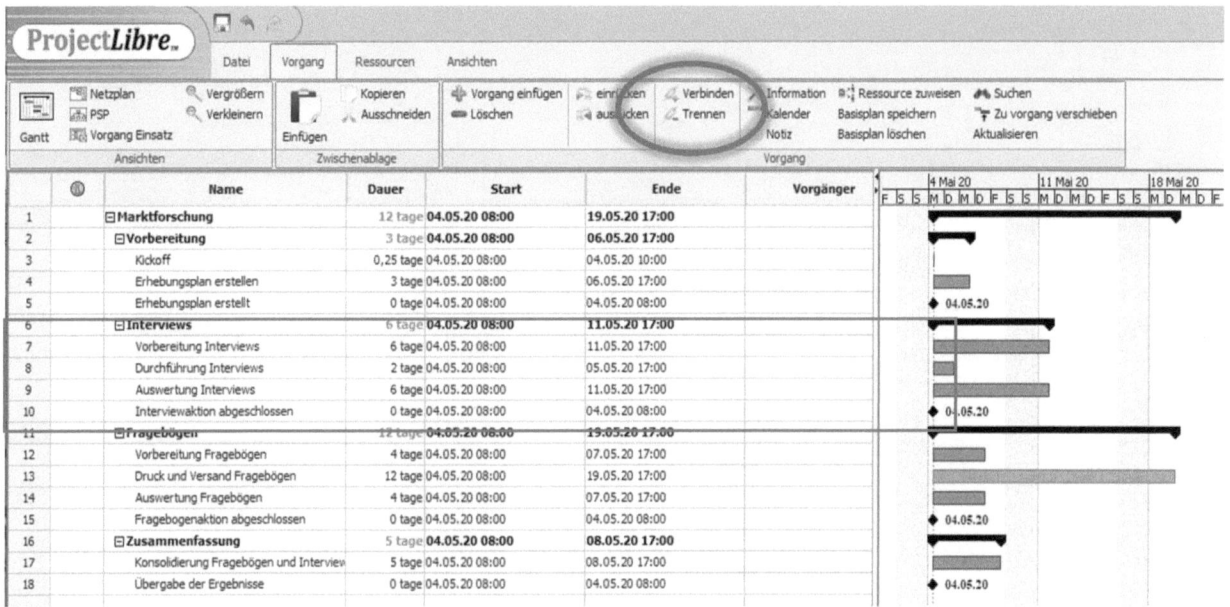

*Abbildung 33: Vorgang "Verbinden"; "Trennen"*

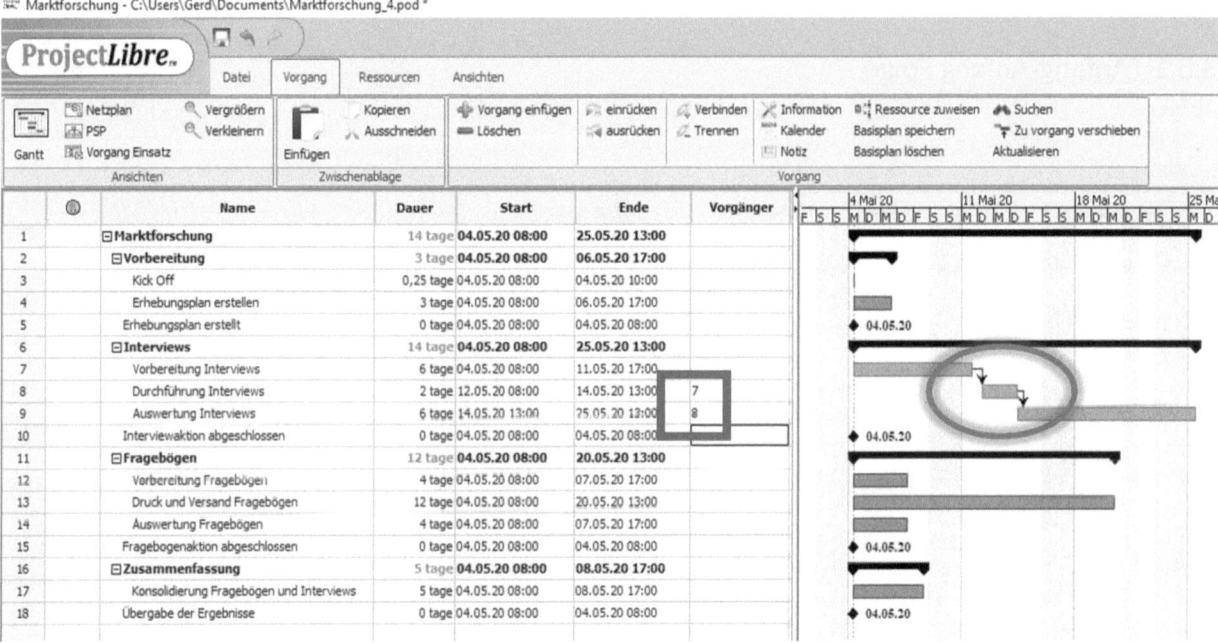

*Abbildung 34: Vorgänge manuell verknüpfen*

Vorgänge lassen sich auch manuell miteinander durch Eingabe der Vorgangsnummer des Vorgängers in der Spalte „Vorgänger" eingeben.

Mehrere Vorgänger müssen durch; oder, getrennt werden.

### 3.4.2 Fallstudie Marktforschung Vorgangsbeziehungen bestimmt

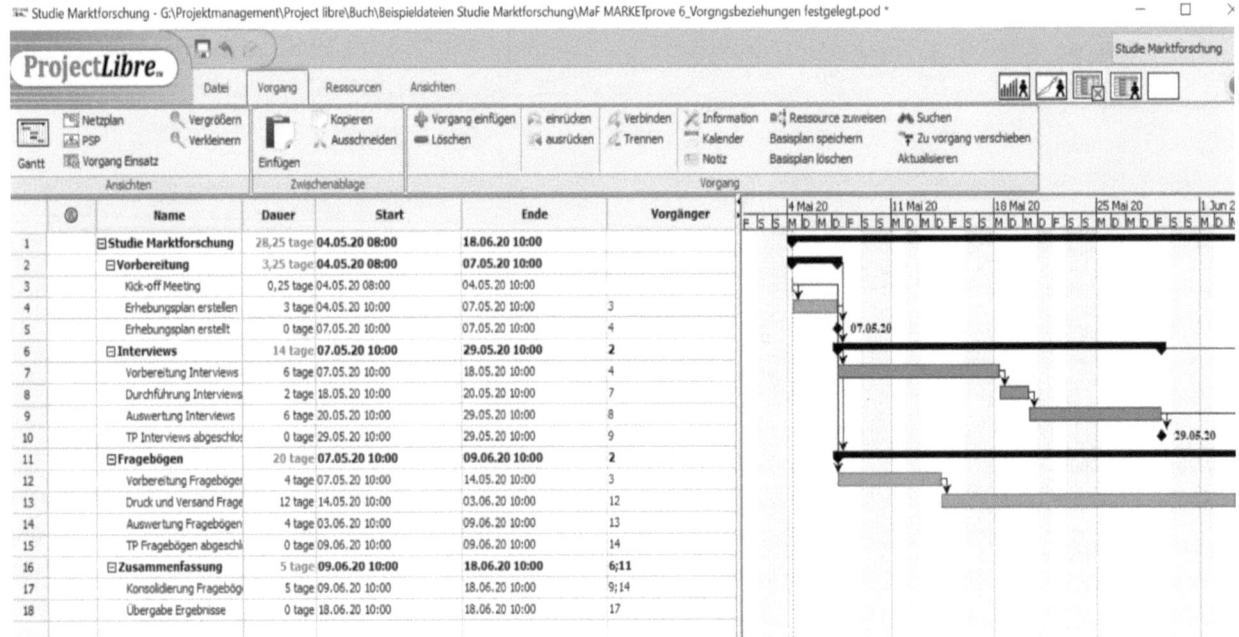

*Abbildung 35: Marktforschung, Vorgangsbeziehungen festlegen*

## 3.5 Weitere Vorgangsverknüpfungen

### 3.5.1 Anfang-Anfang Folge

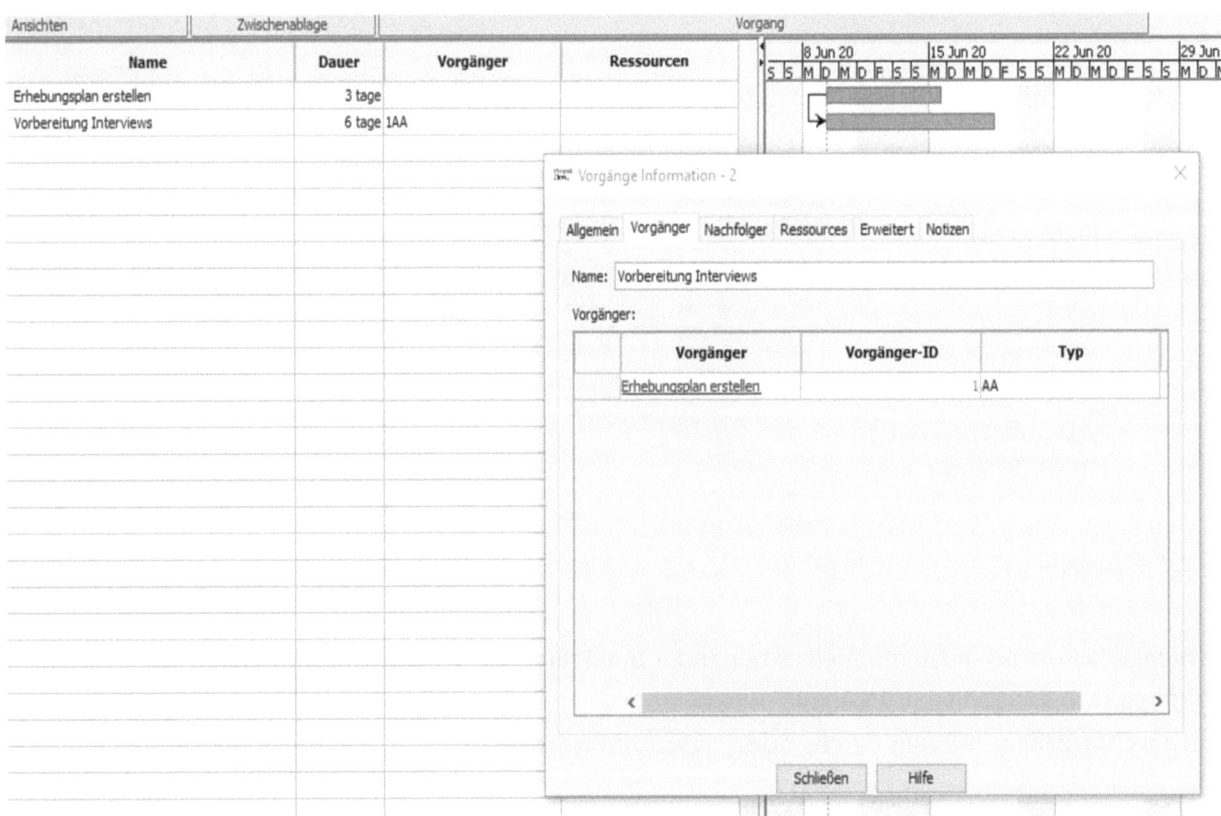

*Abbildung 36: Anfang-Anfang Folge*

### 3.5.2 Ende-Ende Folge

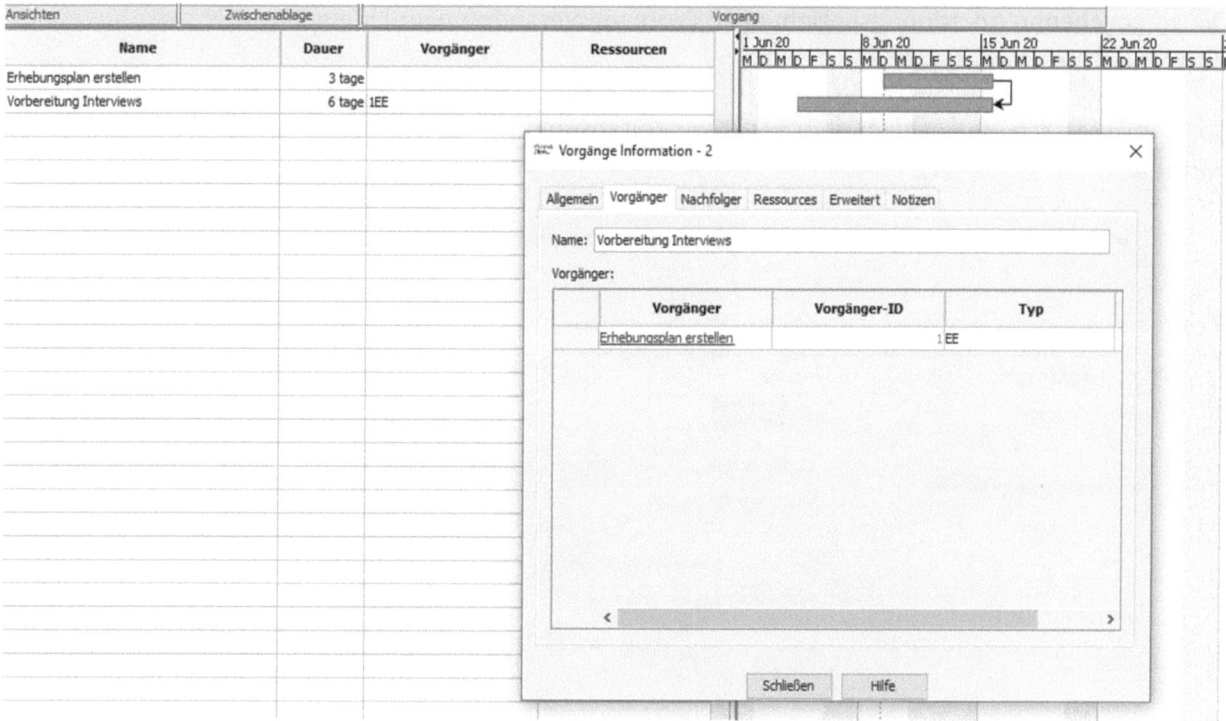

*Abbildung 37: Ende-Ende Folge*

### 3.5.3 Anfang-Ende Folge (Sprungfolge)

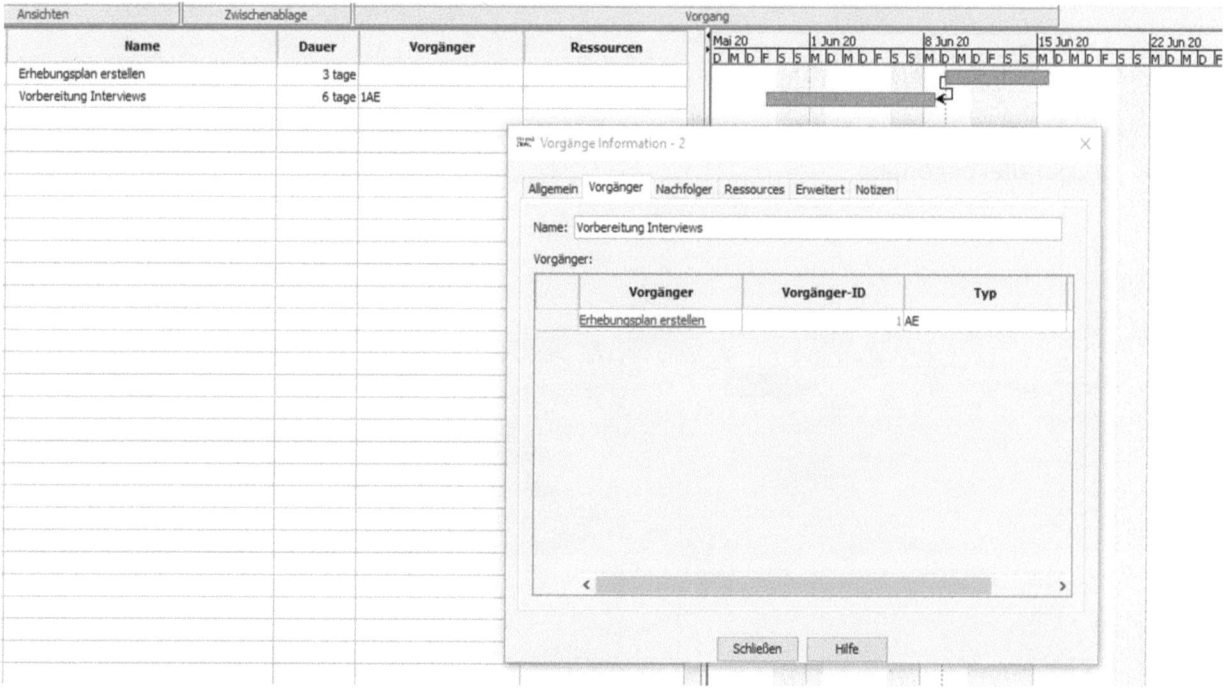

*Abbildung 38: Anfang-Ende Folge (Sprungfolge)*

### 3.5.4 Positiver oder negativer Zeitabstand

Die eingegebenen Anordnungsbeziehungen (Vorgangsverknüpfungen) können weiter differenziert werden.

So kann zusätzlich ein positiver oder negativer Zeitabstand zwischen zwei Vorgängen definiert werden.

- Die Auswertung der Fragebögen benötigt mehr Zeit als geplant

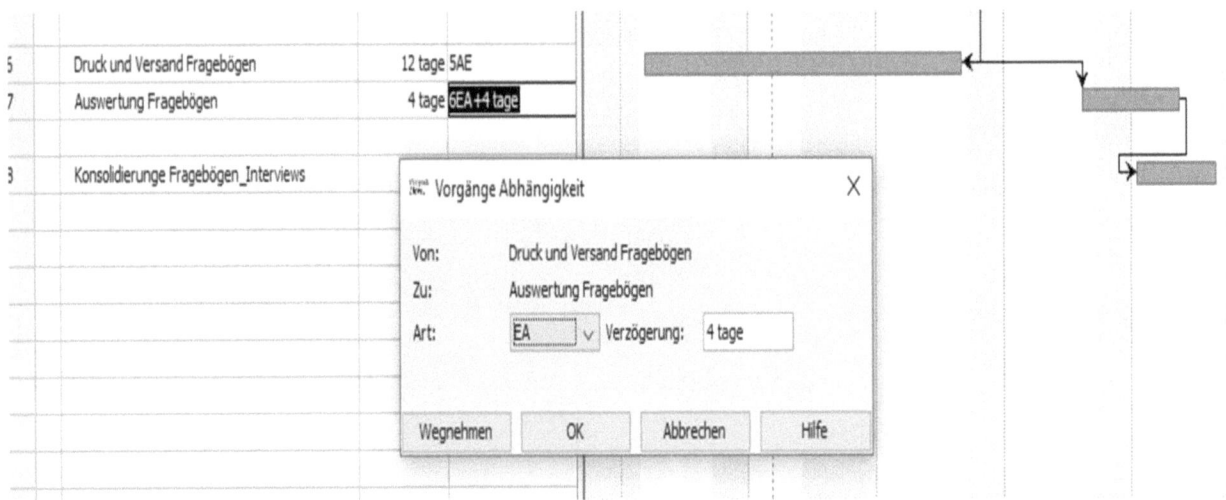

*Abbildung 39: positiver Zeitabstand*

- Um die verlorene Zeit zu minimieren wird mit der Konsolidierung der Interviews schon parallel begonnen

*Abbildung 40: negativer Zeitabstand*

### 3.5.5 Anordnungsbeziehungen definieren

Die Art der Vorgangsbeziehung kann einfach (wenn schon eine Vorgangsverknüpfung vorhanden ist) durch Anklicken der Verbindungslinie im Balkendiagramm festgelegt werden.

- Wählen Sie im Listenfeld Art die gewünschte Verknüpfungsart
- Geben Sie in das Feld Verzögerung den gewünschten Zeitabstand ein - Bestätigen Sie mit OK

Alternativ können Sie auch folgendermaßen vorgehen

- Klicken sie doppelt auf den Vorgang, den Sie bearbeiten möchten
- Es öffnet sich das Fenster „Vorgänge Informationen"

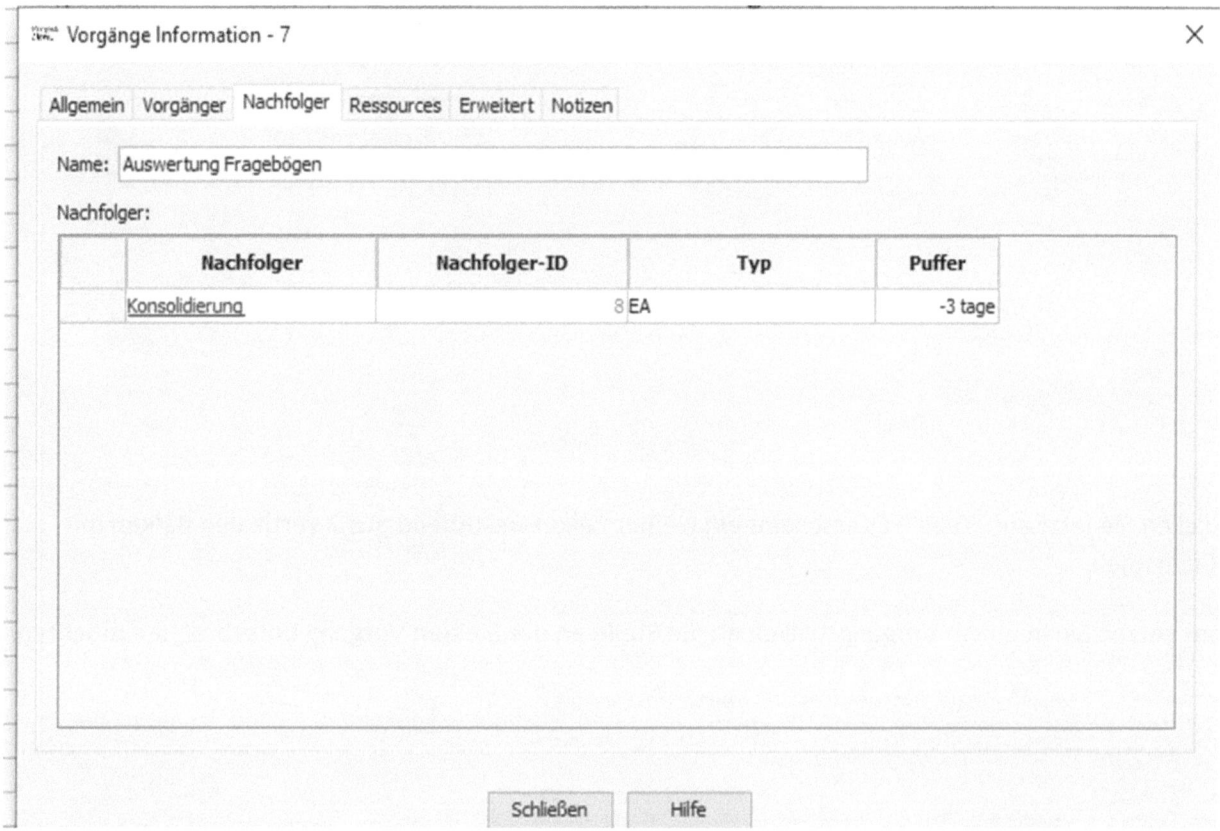

*Abbildung 41: Vorgänge Information*

Raum für Notizen:

| | |
|---|---|
| | |
| | |
| | |
| | |
| | |
| | |

### 3.5.6 Vorgänge teilen

Sie haben auch die Möglichkeit Vorgänge z. B. zu teilen. Dazu führen Sie einen Rechtsklick an beliebiger Stelle in der Diagrammfläche aus und es erscheint folgendes Pop-up Fenster:

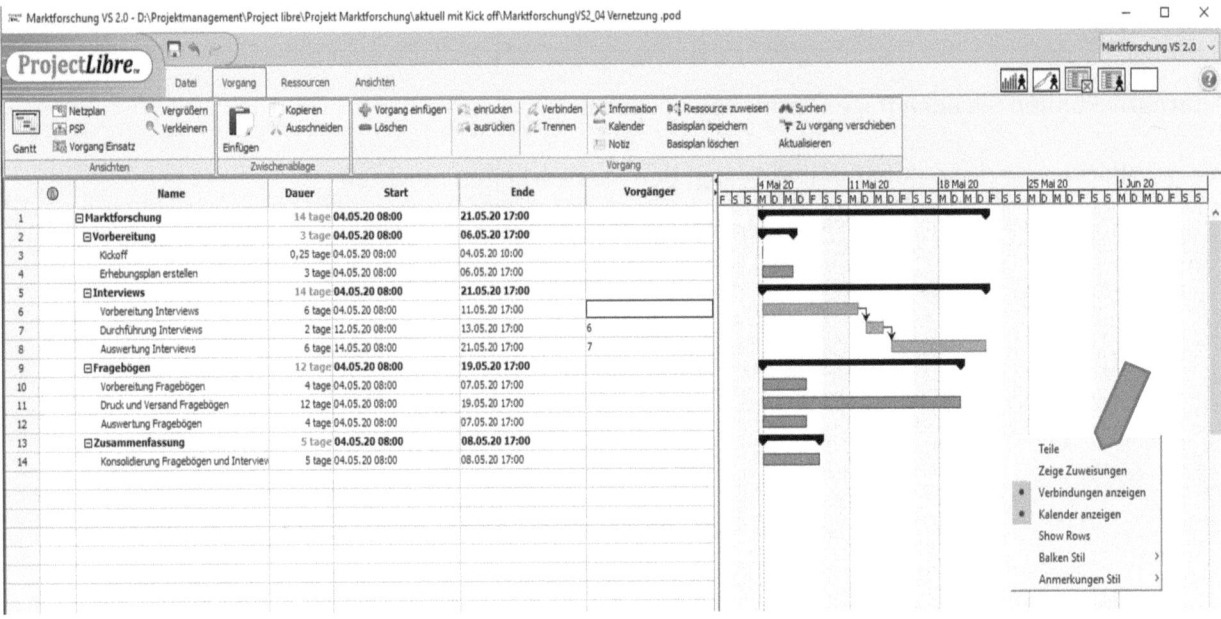

*Abbildung 42: Vorgänge teilen*

Klicken Sie jetzt auf „Teile". Es erscheint ein kleiner Zeiger bestehend aus 2 vertikalen Balken mit Rechtspfeil.

Das setzen Sie in einem Vorgangsbalken an die Stelle an der Sie den Vorgang unterbrechen möchten.

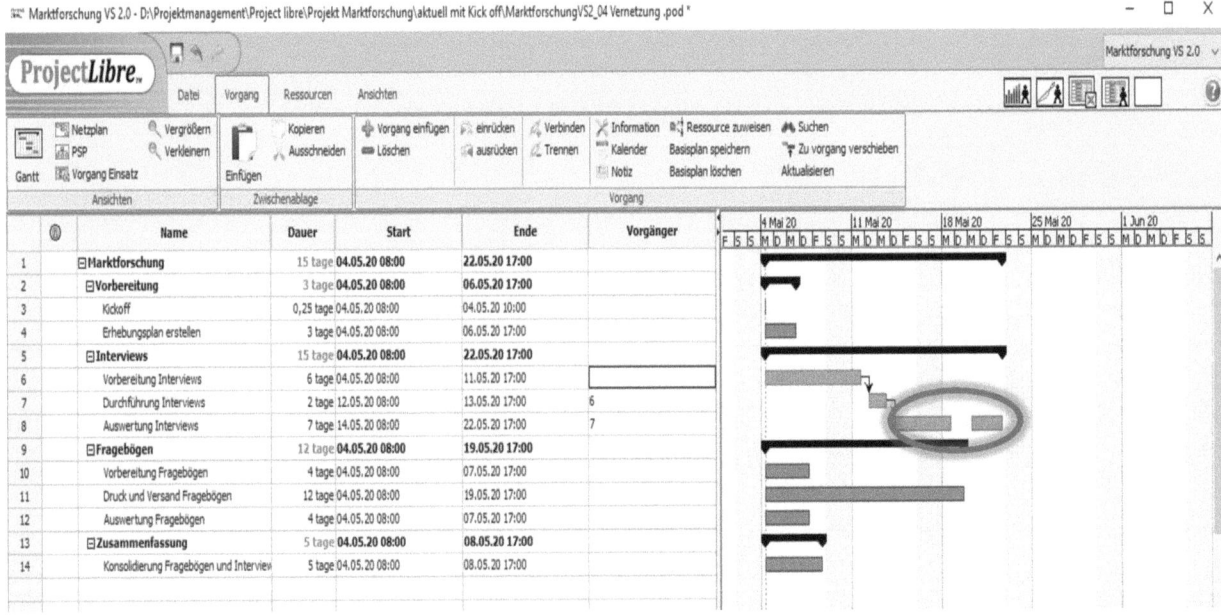

*Abbildung 43: Vorgänge teilen, Ergebnis*

# 3.6 Kritische Vorgänge

## 3.6.1 Zielkonflikte erkennen

Falls der von ProjectLibre errechnete Endtermin nicht dem Zeitziel entspricht, müssen Sie diesen Zielkonflikt durch eine Modifizierung der sogenannten kritischen Vorgänge lösen.

- Kritische Vorgänge sind die Vorgänge, die keine Pufferzeit haben. Eine Verzögerung der kritischen Vorgänge führt zu einer Verschiebung des Endtermins.

- Kritische Vorgänge werden in ProjectLibre rot dargestellt.

- Die zeitlichen Puffer lassen sich einblenden.
  Mit der rechten Maus-Taste in das Gantt-Diagramm klicken und aus dem Kontextmenü Balken-Stil-Zeitpuffer gesamt auswählen. Die schraffierten Balken stellen die Pufferzeit dar.

- Als kritischen Pfad (critical path) bezeichnet man die Abfolge der kritischen Vorgänge in einem Projekt.

- Da die kritischen Vorgänge besonderen Einfluss auf das Terminziel haben, richtet der Projektleiter seine Aufmerksamkeit besonders darauf, dass hier möglichst keine Verzögerungen eintreten.

## 3.6.2 Mögliche Lösungen …

…von Zielkonflikten durch Veränderung kritischer Vorgänge

- Weitere Ressourcen (Personal, Maschinenkapazitäten) den Vorgängen zuordnen

- Zeitdauer der Vorgänge überdenken (versteckte Pufferzeiten?)

- Überstunden einbinden (bitte nicht schon in der Planungsphase)

- Vorgangsbeziehungen überdenken und ggf. optimieren

- Vorgänge parallelisieren

### 3.6.3 Kritische Vorgänge filtern

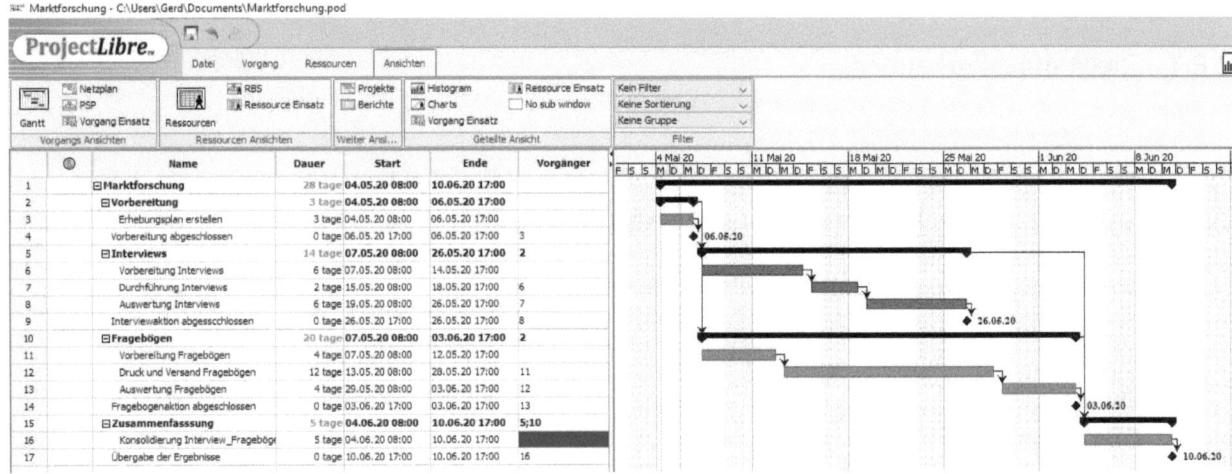

*Abbildung 44: Kritische Vorgänge filtern*

Wechseln Sie in das Menüband Ansichten

Setzen Sie den Filter auf „Kritische Vorgänge"

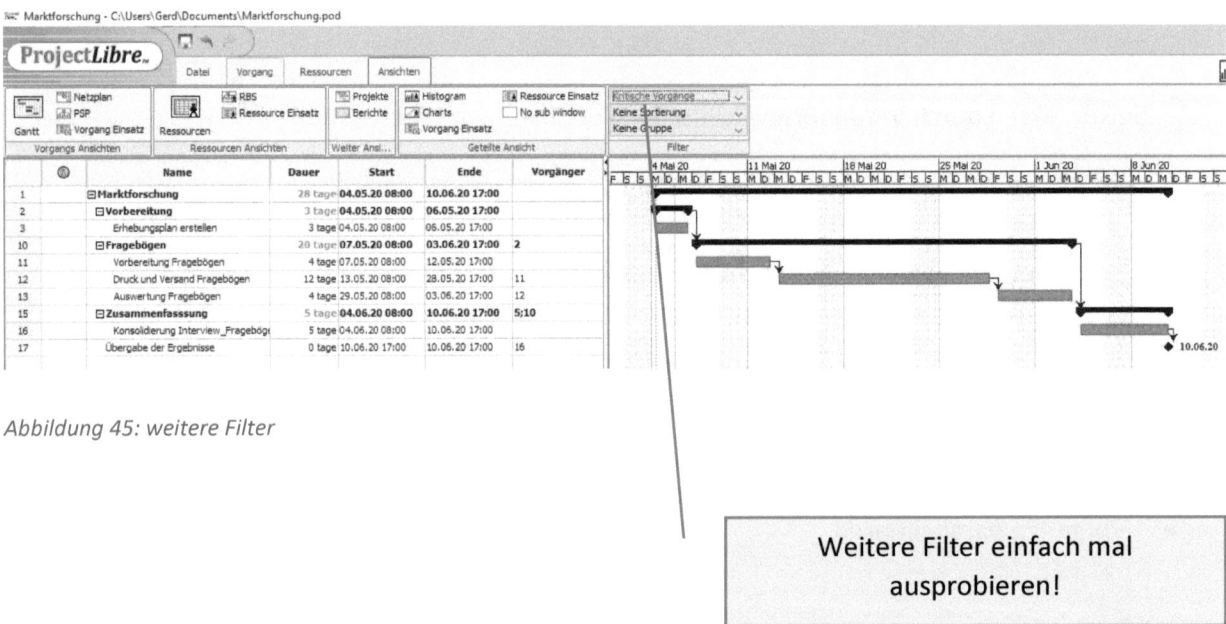

Ergebnis

*Abbildung 45: weitere Filter*

Weitere Filter einfach mal
ausprobieren!

### 3.6.4 Pufferzeiten anzeigen

Eine nette Variante, die ProjectLibre bietet, ist die Anzeige des Gesamtpuffers in nichtkritischen Vorgängen.

- Klicken Sie auf das Gantt-Diagramm
- Rechte Maustaste
- Im Kontextmenü Balkenstil, Zeitpuffer gesamt

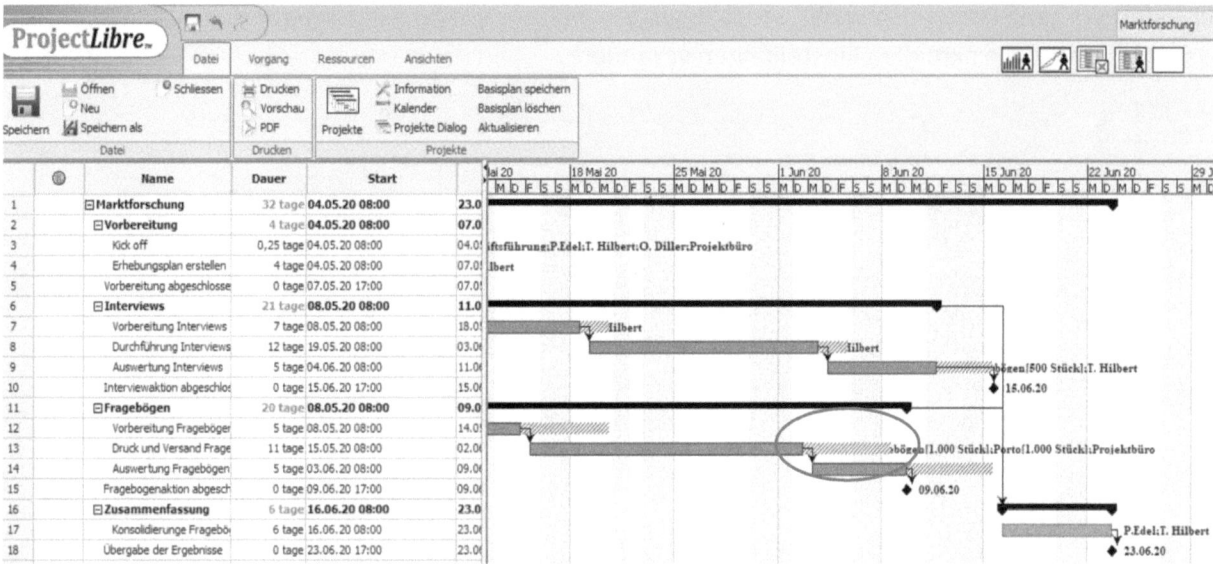

*Abbildung 46: Pufferzeiten anzeigen*

## Raum für Notizen

|  |
|--|
|  |
|  |
|  |
|  |
|  |
|  |
|  |
|  |
|  |
|  |
|  |
|  |
|  |

# 3.7 Vorgangsinformationen ändern

## 3.7.1 Vorgangsinformationen bearbeiten

Alle einen Vorgang betreffenden Informationen werden im Menüband Vorgang über das Dialogfenster Gruppe Vorgang „Informationen" verwaltet.

Für jeden Vorgang lassen sich in den sechs Registern weitere Vorgangsinformationen bestimmen bzw. die aktuellen Einstellungen verändern.

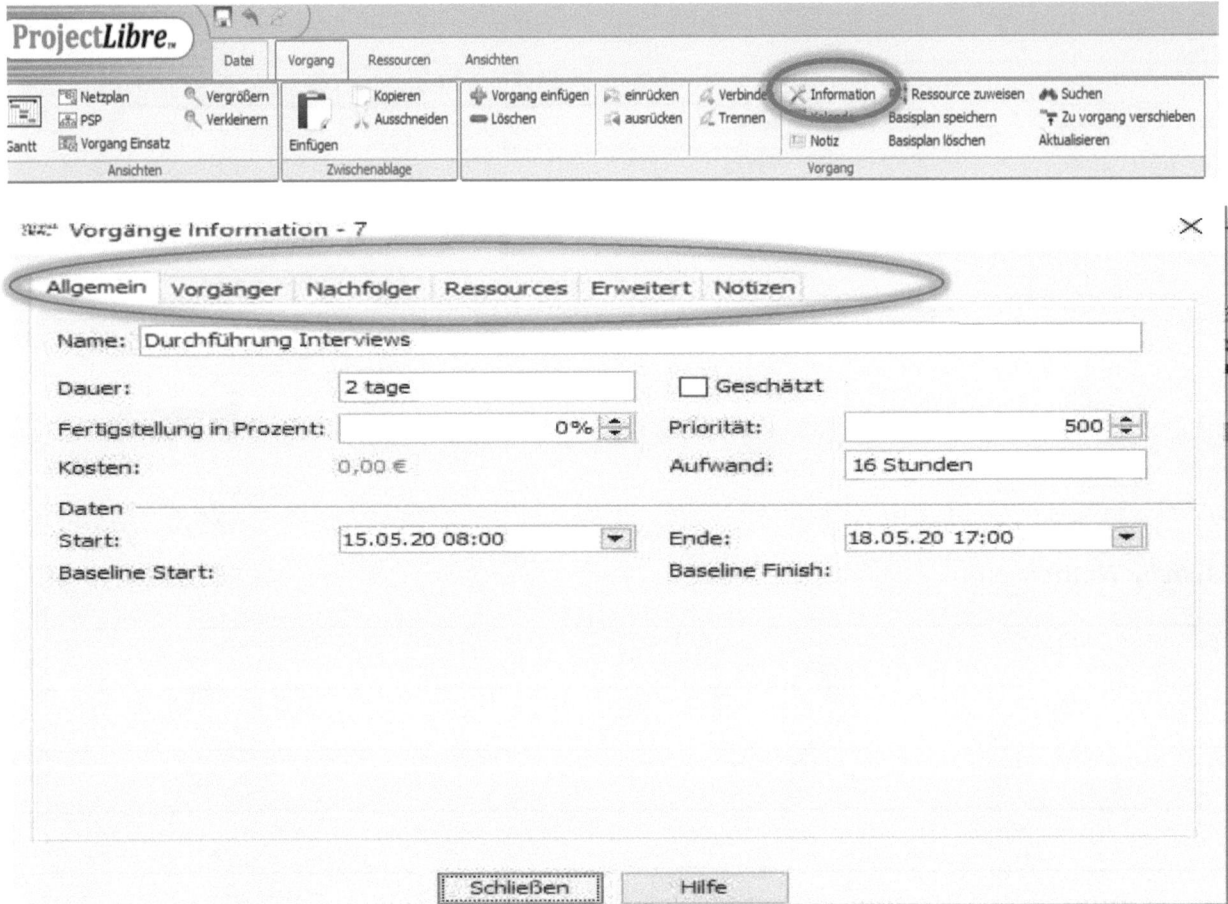

*Abbildung 47: Vorgangsinformationen ändern*

| Register | Inhalt |
|----------|--------|
| Allgemein | Zentrale Informationen zu Terminen und dem Grad der bisherigen Fertigstellung |
| Vorgänger | Beinhaltet eine Liste aller Vorgänger. Anordnungsbeziehungen lassen sich hier verändern |
| Nachfolger | Wie vor, jedoch Nachfolger |
| Ressources | Auflistung der zugeordneten Ressourcen. Ressourcen können hier hinzugefügt oder entfernt werden |
| Erweitert | Informationen zur Vorgangsart und zu Termineinschränkungen |
| Notizen | Erlaubt die Eingabe von Kommentaren zum Vorgang |

Auf die verschiedenen Register kommen wir im weiteren Verlauf zurück.

## 3.7.2 Vorgangskalender anlegen und zuweisen

Vorgangskalender anlegen
Menüband „Vorgang" Kalender

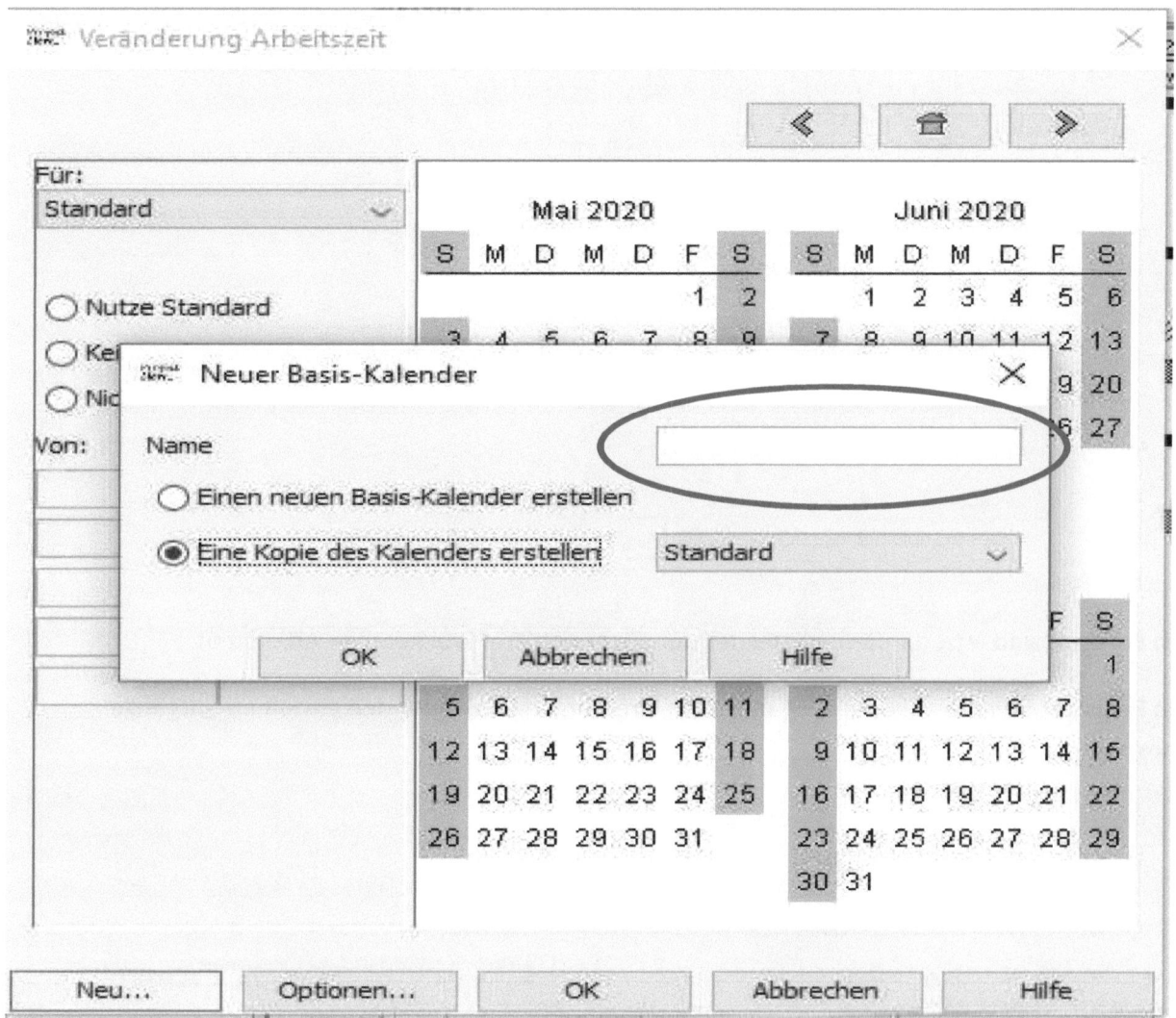

*Abbildung 48: Kopie des Kalenders erstellen*

**Kleine Aufgabe:**

Neu, Name vergeben (z.B. MO, DI, MI)

„Eine Kopie des Kalenders erstellen"

Erneut den Kalender aufrufen

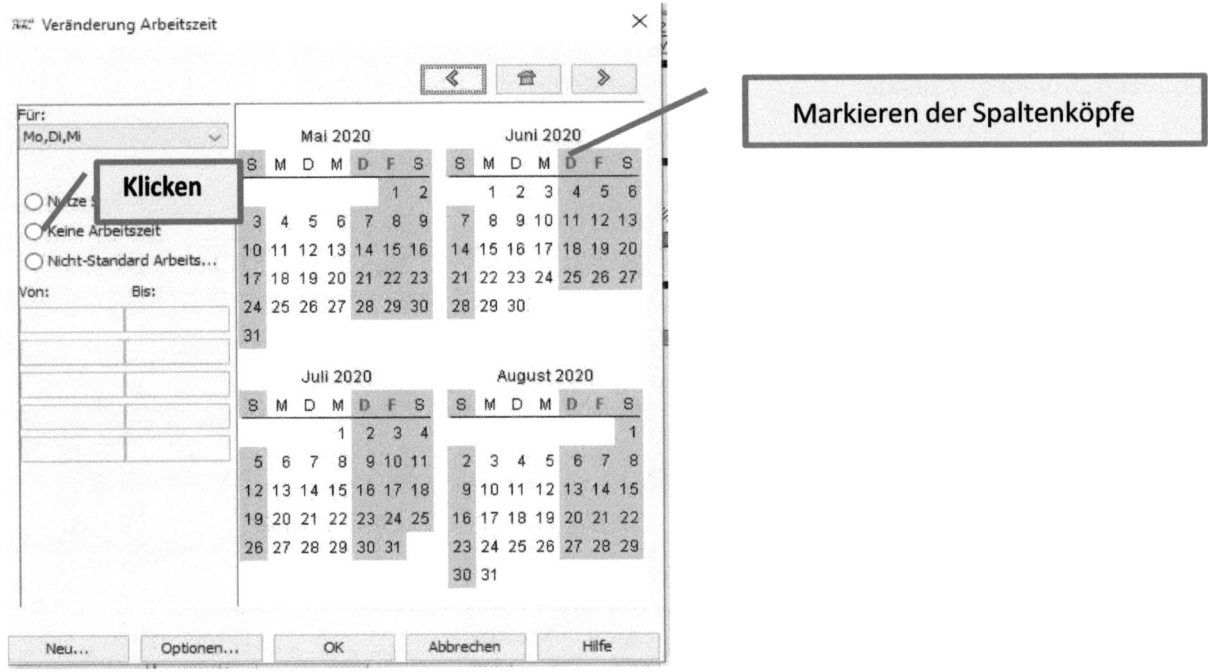

*Abbildung 49: Kalenderwochen anpassen*

Im Ergebnis sind jetzt für diesen Kalender nur die ersten drei Wochentage Arbeitszeit.

Im Register „Erweitert" können Sie nun auch Ihre Vorgangskalender den einzelnen Vorgängen zuweisen.

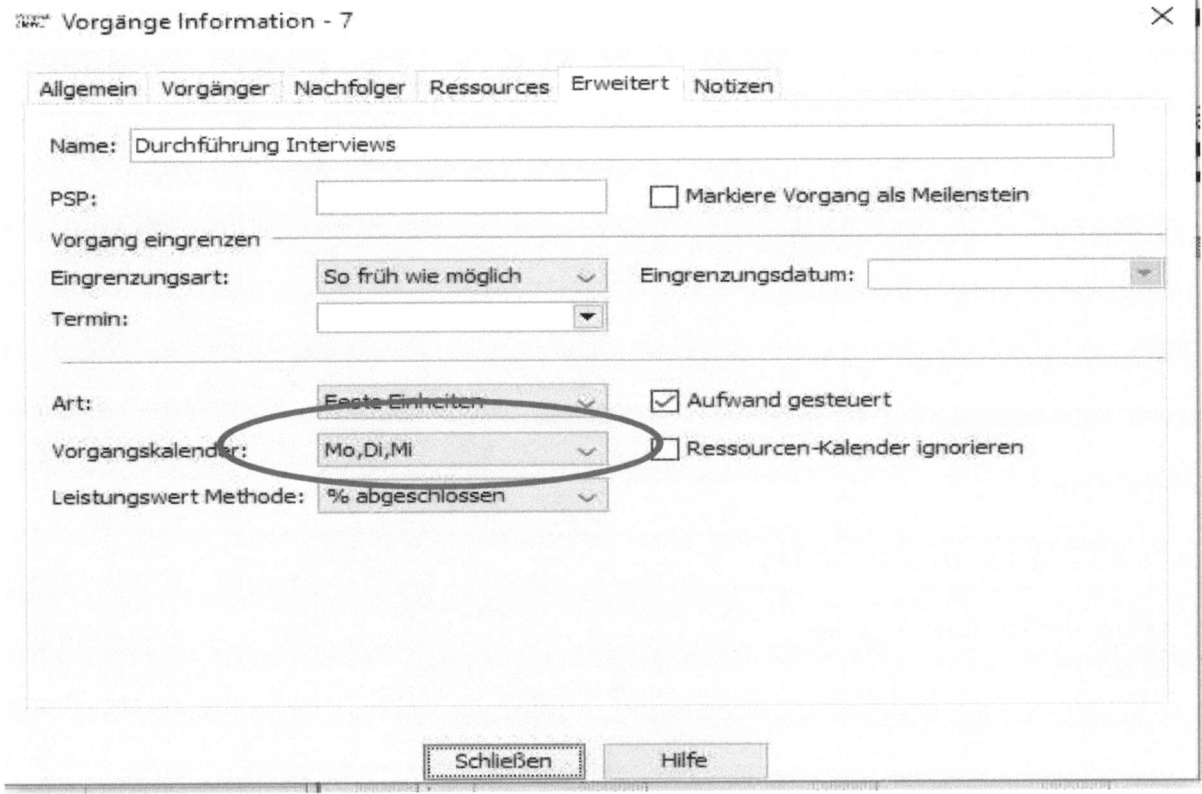

*Abbildung 50: Vorgangskalender zuweisen*

# 3.8 Termineinschränkungen

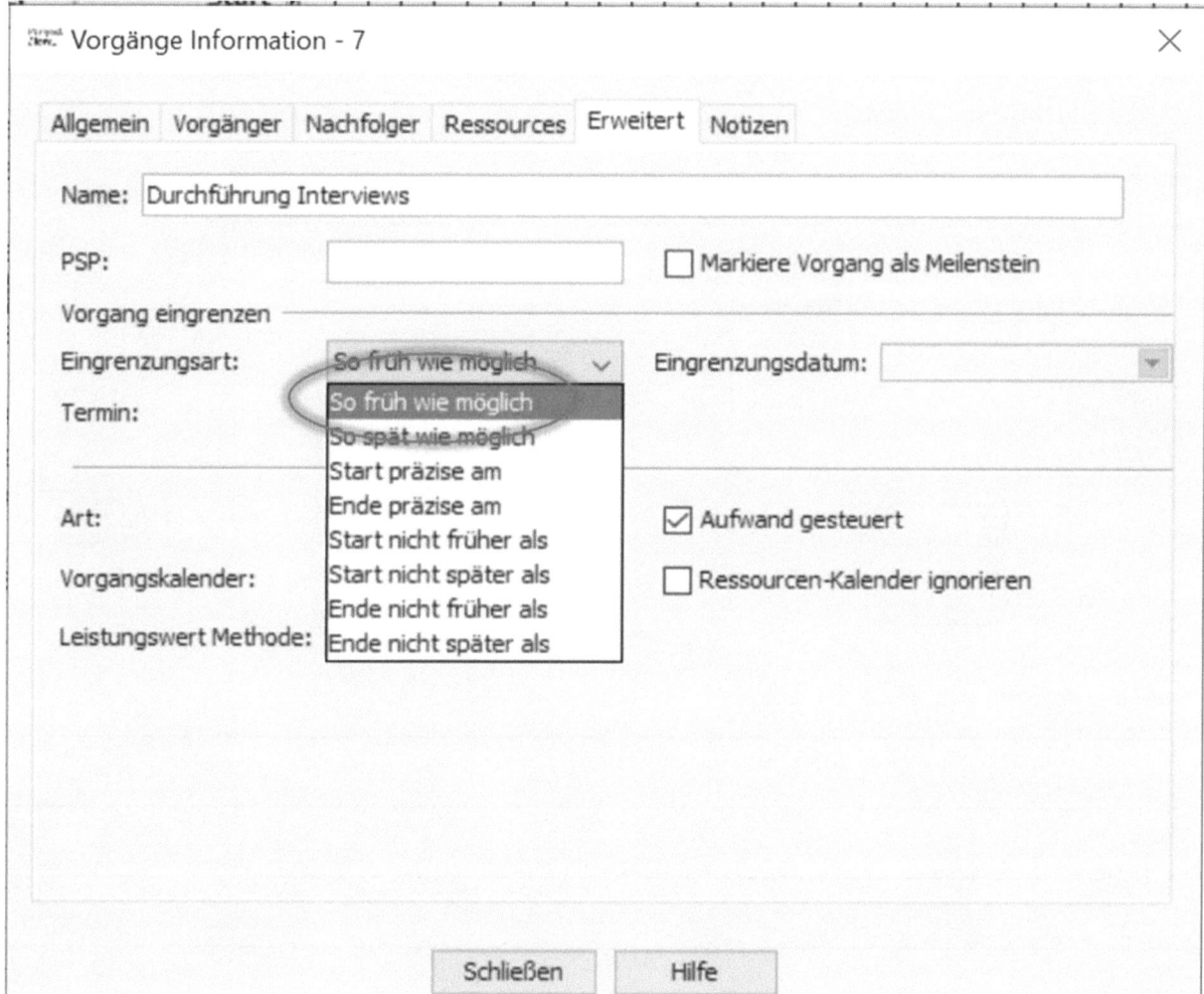

*Abbildung 51: Termineinschränkungen*

Die standardmäßige Termineinschränkung ist: So früh wie möglich

Das heißt, der Anfangstermin eines Vorgangs wird aus dem Projektbeginn, den Dauern der Vorgänger und den Anordnungsbeziehungen errechnet.

Die weiteren Termineinschränkungen sind selbsterklärend.

Sie haben jetzt alle Werkzeuge, um einen berechneten Terminplan zu erstellen.

Dieser Plan ist noch völlig variabel.

Eine Veränderung des Projektstarttermins über das Menüband „Datei" Information führt zu einer Neuberechnung aller Termine.

**Hinweis: Niemals die Eingabe eines Projektstartdatums in der Spalte „Start" eingeben,**

**sondern über: Datei/Projektinformation/Start**

## 3.9 Netzplan

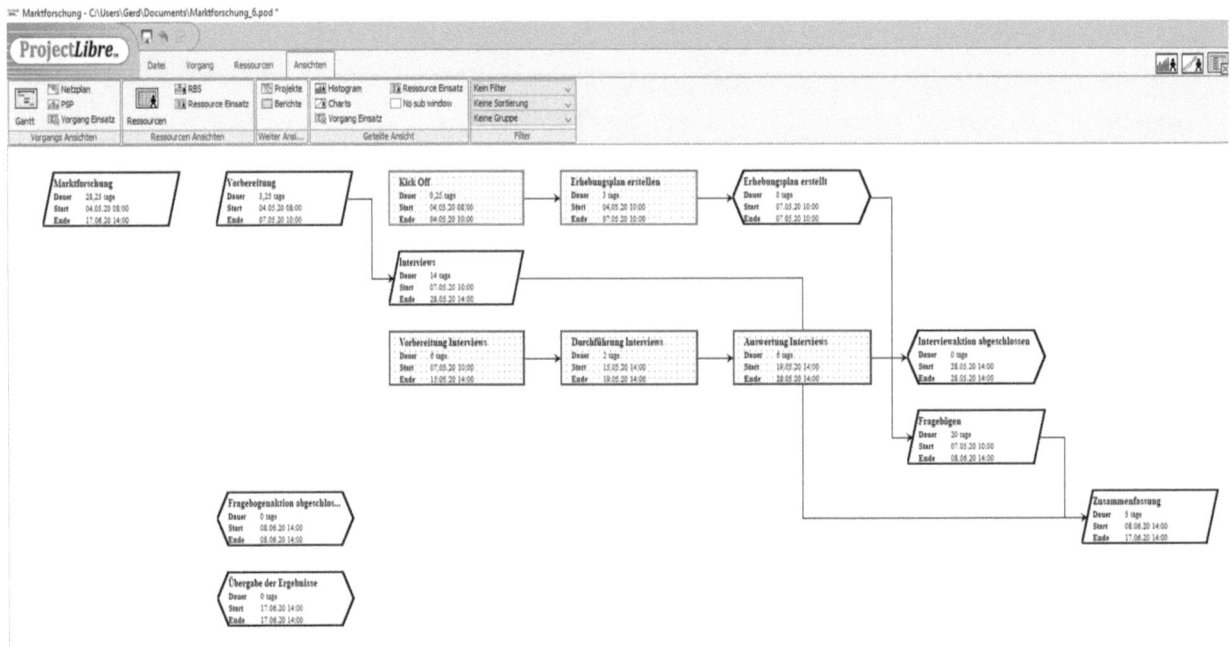

*Abbildung 52: Netzplan*

# 4 Ressourcen und Kosten

## 4.1 Ressourcen anlegen

### 4.1.1 Grundlagen zu Ressourcen

Ein wichtiger Schritt in der Projektplanung ist die Zuweisung von Ressourcen zu jedem einzelnen Vorgang.

Achtung: Sammelvorgängen keine Ressourcen zuteilen. Dann sind Sie sofort in der Überlastung.

Ressourcen sind alle für die Ausführung von Vorgängen benötigten Personen, Sachmittel, Materialien und einmalige Kosten (z.B. für Abnahmen, Genehmigungen).
ProjectLibre unterscheidet zwei Ressourcenarten

| Aufwand | Personen oder Geräte, die zur Durchführung eines Vorgangs benötigt werden. Aufgewendet wird Zeit. (Projektpersonal, Miete für Räume, Std./Monate) |
|---------|------------------------------------------------------------------------------|
| Material | Hierunter fallen die Verbrauchsmaterialien und Hilfsmittel, die für einen Vorgang benötigt werden. (Aufgewendet wird Material, Stück) |

### 4.1.2 Ressourcentabelle anlegen

Vor der Zuweisung von Ressourcen zu einem Vorgang muss eine Ressourcentabelle vorhanden sein bzw. erstellt werden. In dieser Tabelle sind die verfügbaren Ressourcen sowie zusätzliche Ressourceninformationen aufgeführt.

- Rufen Sie das Menüband „Ressourcen" – Gruppe Ansichten-Ressourcen auf
  oder
- Ansichten – Gruppe Ressourcenansicht – Ressourcen

- Geben Sie in der **Spalte Name** die Ressourcenbezeichnung ein
- Legen Sie in der **Spalte Art** fest, um welche Ressourcenart es sich handelt

Speichern Sie die Datei unter: Marktforschung 5

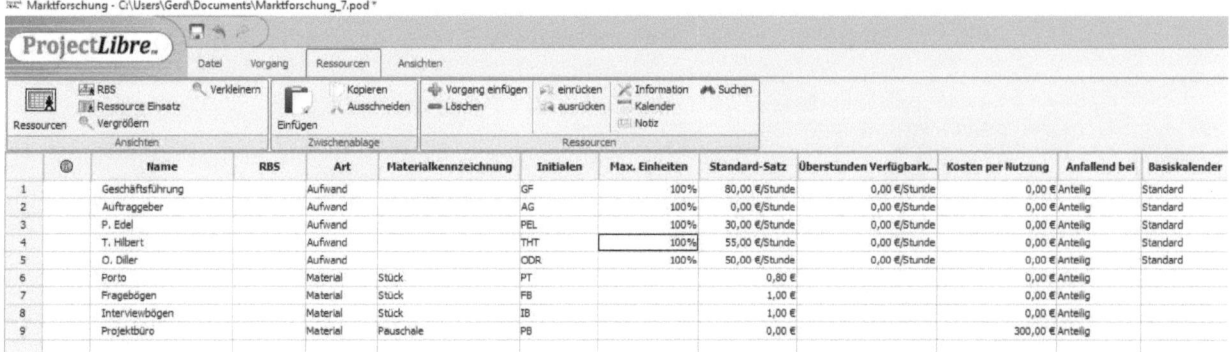

*Abbildung 53: Ressourcentabelle (Ursprung)*

### 4.1.3 Ressource Break down Structure

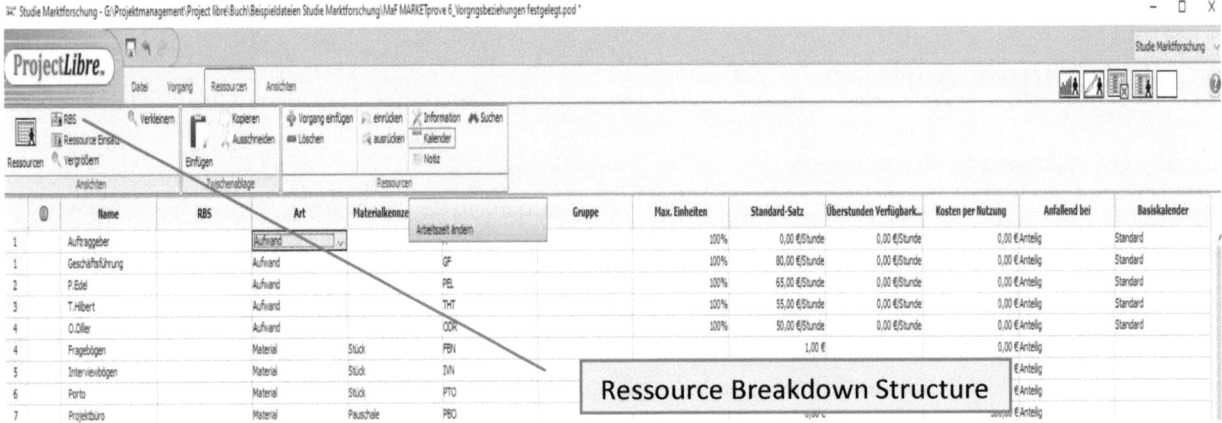

*Abbildung 54: RBS (Ressource Breakdown Structure)*

ProjectLibre bietet eine Ansicht an, die sonst kaum eine Projektmanagementsoftware zur Verfügung stellt.

Die sog. „Ressource Break down Structure", Hier besteht die Möglichkeit ihre Projektorganisation abzubilden und den Abgleich zwischen Ist- und Sollkosten der Ressourcen zu sehen.

Wenn wir jetzt auf gewohnte Weise die Ressourcen eingeben, sieht die Tabelle wie folgt aus:

| | Name | Art | Materialkennzeichnung | Initialen | Max. Einheiten | Standard-Satz | Überstunden Verfügbark... | Kosten per Nutzung | Anfallend bei | Basiskalender |
|---|---|---|---|---|---|---|---|---|---|---|
| 1 | Geschäftsführung | Aufwand | | DEH | 100% | 80,00 €/Stunde | 0,00 €/Stunde | 0,00 € Anteilig | Standard |
| 2 | Auftraggeber | Aufwand | | AFG | 100% | 0,00 €/Stunde | 0,00 €/Stunde | 0,00 € Anteilig | Standard |
| 3 | T. Hilbert | Aufwand | | THT | 100% | 55,00 €/Stunde | 0,00 €/Stunde | 0,00 € Anteilig | Standard |
| 4 | O. Diller | Aufwand | | ODR | 100% | 50,00 €/Stunde | 0,00 €/Stunde | 0,00 € Anteilig | Standard |
| 5 | F. Händel | Aufwand | | FHL | 100% | 30,00 €/Stunde | 0,00 €/Stunde | 0,00 € Anteilig | Standard |
| 6 | Fragebögen | Material | Stück | FB | | 1,00 € | | 0,00 € Anteilig | |
| 7 | Interviewbögen | Material | Stück | IB | | 1,00 € | | 0,00 € Anteilig | |
| 8 | Porto | Material | Stück | POT | | 0,80 € | | 0,00 € Anteilig | |
| 9 | Projektbüro | Material | Stück | PB | | 0,00 € | | 300,00 € Anteilig | |

*Abbildung 55: Ressourcentabelle (Ursprung)*

## und die RBS :

*Abbildung 56: RBS aus einfacher Ressourcentabelle*

Das ist ziemlich unspektakulär und besitzt wenig Aussagekraft.

Daher müssen wir in der Ressourcentabelle ein paar Anpassungen vornehmen.

Wie in der Vorgangsliste geben wir den Ressourcen eine Struktur.

Dazu fügen wir wieder Vorgänge ein (Teilprojekt=TP, TP Interviews, TP Fragebögen) und rücken die Vorgänge ein um die Gliederung herzustellen.

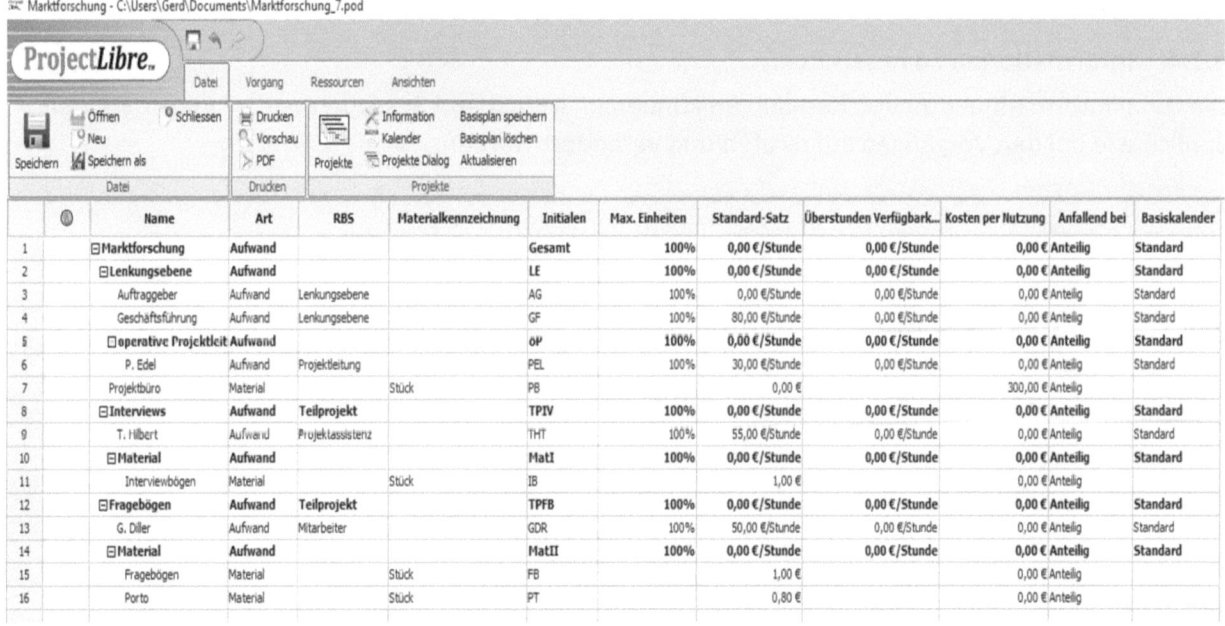

| | | Name | Art | RBS | Materialkennzeichnung | Initialen | Max. Einheiten | Standard-Satz | Überstunden | Verfügbark... | Kosten per Nutzung | Anfallend bei | Basiskalender |
|---|---|---|---|---|---|---|---|---|---|---|---|---|---|
| 1 | | ⊟Marktforschung | Aufwand | | | Gesamt | 100% | 0,00 €/Stunde | 0,00 €/Stunde | | 0,00 € | Anteilig | Standard |
| 2 | | ⊟Lenkungsebene | Aufwand | | | LE | 100% | 0,00 €/Stunde | 0,00 €/Stunde | | 0,00 € | Anteilig | Standard |
| 3 | | Auftraggeber | Aufwand | Lenkungsebene | | AG | 100% | 0,00 €/Stunde | 0,00 €/Stunde | | 0,00 € | Anteilig | Standard |
| 4 | | Geschäftsführung | Aufwand | Lenkungsebene | | GF | 100% | 80,00 €/Stunde | 0,00 €/Stunde | | 0,00 € | Anteilig | Standard |
| 5 | | ⊟operative Projektleit | Aufwand | | | OP | 100% | 0,00 €/Stunde | 0,00 €/Stunde | | 0,00 € | Anteilig | Standard |
| 6 | | P. Edel | Aufwand | Projektleitung | | PEL | 100% | 30,00 €/Stunde | 0,00 €/Stunde | | 0,00 € | Anteilig | Standard |
| 7 | | Projektbüro | Material | | Stück | PB | | 0,00 € | | | 300,00 € | Anteilig | |
| 8 | | ⊟Interviews | Aufwand | Teilprojekt | | TPIV | 100% | 0,00 €/Stunde | 0,00 €/Stunde | | 0,00 € | Anteilig | Standard |
| 9 | | T. Hilbert | Aufwand | Projektassistenz | | THT | 100% | 55,00 €/Stunde | 0,00 €/Stunde | | 0,00 € | Anteilig | Standard |
| 10 | | ⊟Material | Aufwand | | | MatI | 100% | 0,00 €/Stunde | 0,00 €/Stunde | | 0,00 € | Anteilig | Standard |
| 11 | | Interviewbögen | Material | | Stück | IB | | 1,00 € | | | 0,00 € | Anteilig | |
| 12 | | ⊟Fragebögen | Aufwand | Teilprojekt | | TPFB | 100% | 0,00 €/Stunde | 0,00 €/Stunde | | 0,00 € | Anteilig | Standard |
| 13 | | G. Diller | Aufwand | Mitarbeiter | | GDR | 100% | 50,00 €/Stunde | 0,00 €/Stunde | | 0,00 € | Anteilig | Standard |
| 14 | | ⊟Material | Aufwand | | | MatII | 100% | 0,00 €/Stunde | 0,00 €/Stunde | | 0,00 € | Anteilig | Standard |
| 15 | | Fragebögen | Material | | Stück | FB | | 1,00 € | | | 0,00 € | Anteilig | |
| 16 | | Porto | Material | | Stück | PT | | 0,80 € | | | 0,00 € | Anteilig | |

*Abbildung 57: Ressourcentabelle mit Struktur*

In der Grafik RBS sieht das dann wie folgt aus:

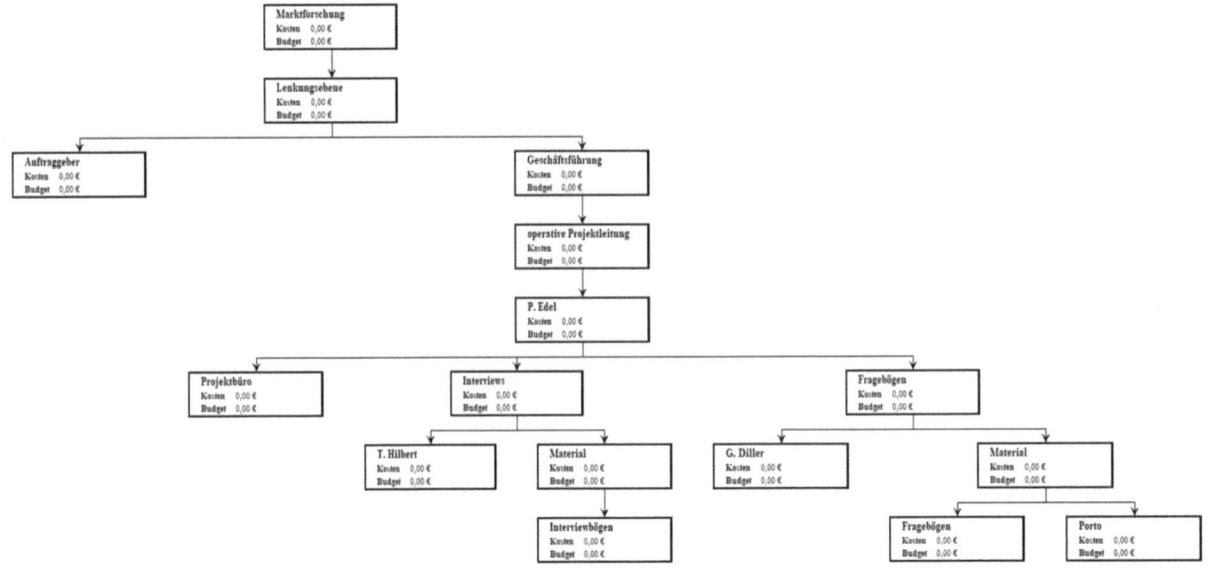

*Abbildung 58: RBS mit Struktur*

So können Sie eine vernünftige Gliederung bei den Ressourcen vornehmen. Das kann später in der Steuerung die Arbeit erleichtern. Die Kosten bilden die IST-Kosten und das „Budget" ihre SOLL-Kosten laut Baseline.

### 4.1.4 Informationen zu Ressourcen

Die Detailinformationen zu den Ressourcen können im Menüband Ressourcen über Informationen ähnlich wie bei den Vorgängen aufgerufen und verändert werden.

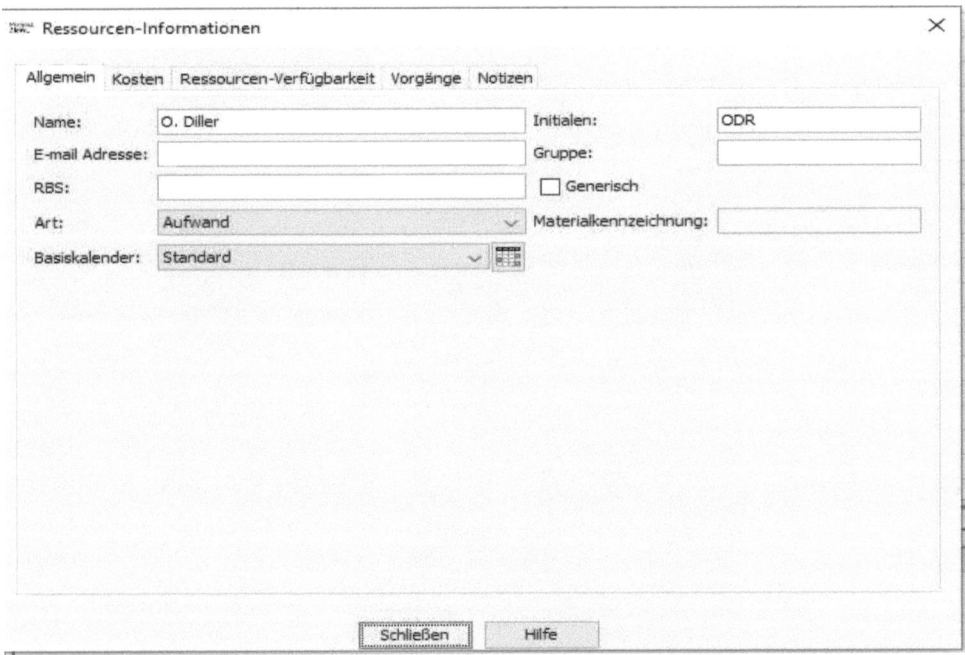

*Abbildung 59: Informationen zu Ressourcen*

### 4.1.4 Ressourcenkalender

Jede Ressource (Aufwand) verfügt über einen eigenen Ressourcenkalender. In diesem werden die individuellen Arbeitszeiten der Ressource (falls von den Standardarbeitszeiten der Firma abweichend, wie z.B. bei Teilzeitkräften) und der Urlaub eingetragen.

Den Ressourcenkalender erreichen Sie über das Kalender Icon auf dem Reiter „Allgemein" in den Ressourcen-Informationen, neben dem Feld Basiskalender.

Bitte wählen Sie in dem Feld Basiskalender Ihren Projektkalender aus, den Sie beim Anlegen des Projekts bestimmt hatten, sofern Sie das nicht schon bereits in der Ressourcentabelle getan haben.

Wie Sie in dem Ressourcenkalender abweichende Arbeitszeiten und freie Tage (z.B. Urlaub) eintragen, entnehmen Sie bitte dem Abschnitt „Kalender anpassen".

### 4.1.5 Kostensätze bestimmen

Sie haben die Möglichkeit, für einzelne Ressourcen verschiedene Kostensätze festzulegen.

Das kann notwendig sein für z.B.

a. Eine interne und externe Betrachtung der Projektkosten
b. Veränderungen im Gehaltgefüge durch Tarifanpassungen
c. Wenn es notwendig wird an Sonn- oder Feiertagen zu arbeiten

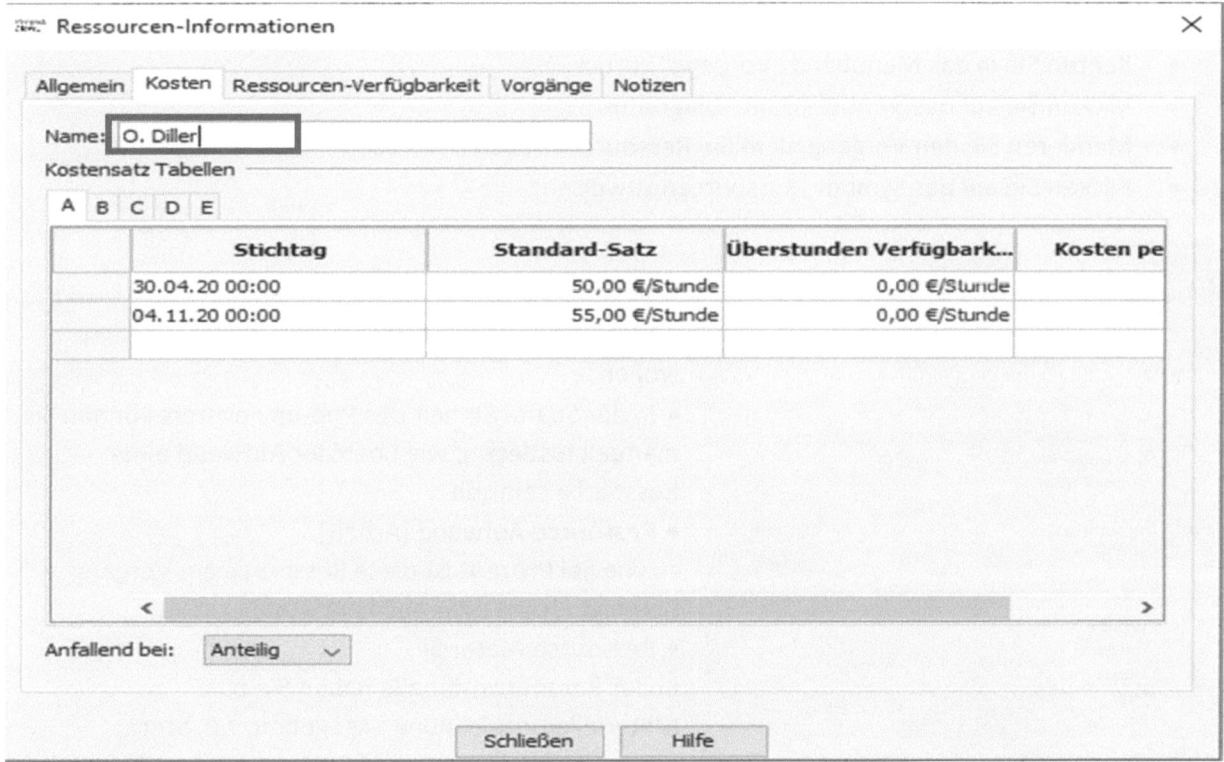

*Abbildung 60: Ressourcen-Informationen, Kostensätze*

## 4.2 Ressourcen zuordnen

### 4.2.1 Einem Vorgang Ressourcen zuordnen

Nachdem Sie die Ressourcen in die Tabelle eingetragen haben, haben Sie verschiedene Möglichkeiten, diese einem Vorgang zuzuordnen.

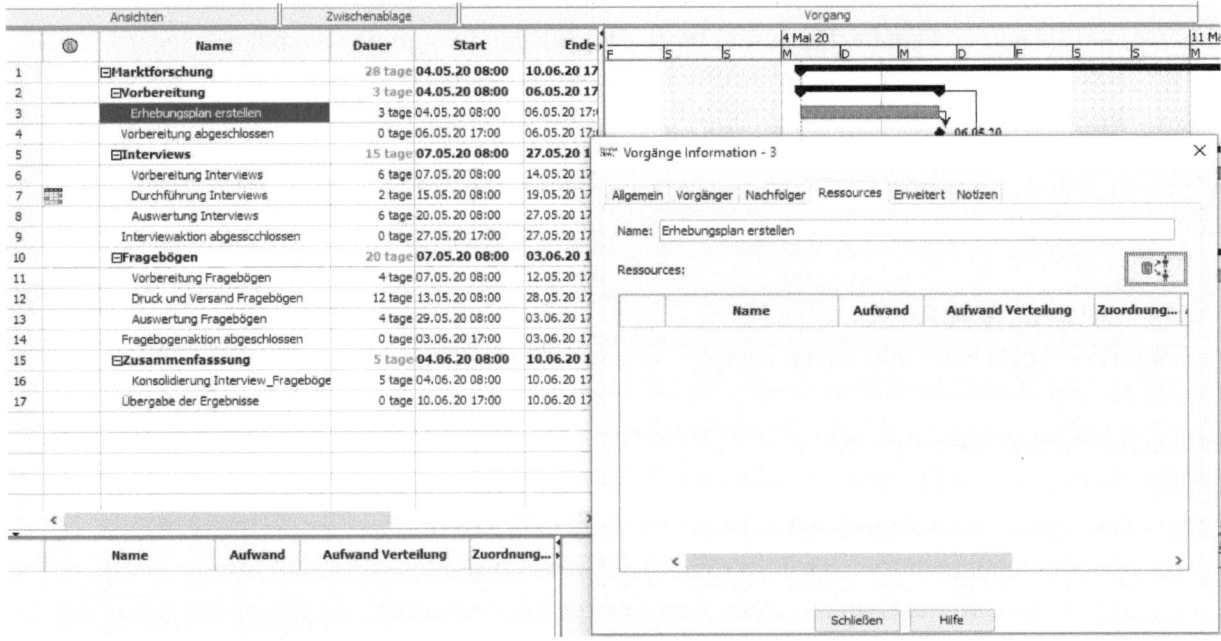

*Abbildung 61: Ressourcen zuordnen*

- Kehren Sie in das Menüband „Vorgang" zurück.
- Klicken Sie auf das Symbol „Gantt-Diagramm"
- Markieren Sie den Vorgang, dem Sie Ressourcen zuordnen wollen
- Klicken Sie auf das Symbol „Ressourcen zuweisen"

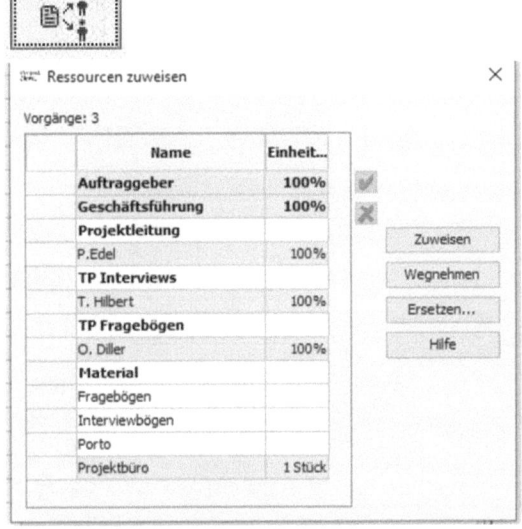

- Markieren Sie die Ressource(n), die Sie zuteilen wollen
- In der Spalte Einheit des Pop-up Fensters können Sie manuell festlegen, wie hoch der Aufwand einer Ressource sein soll
- Ressource Aufwand (Arbeit):
zu wieviel Prozent ist diese Ressource am Vorgang beteiligt (100% oder auch nur 20%)
- Ressource Material:
in der Ressourcentabelle haben Sie eine Materialkennzeichnung angegeben, z.B. Stück, Kilogramm, o.ä. Hier legen Sie jetzt die Anzahl fest.

***Anmerkung: Sind ihre Vorgänge leistungsgesteuert hat die Zuteilung der Ressourcen Auswirkung auf die Dauer der Vorgänge.***

*Abbildung 62: Ressourcenaufwand festlegen*

Nach der Zuweisung aller Ressourcen sieht die Vorgangstabelle wie folgt aus:

Marktforschung - C:\Users\Gerd\Documents\Marktforschung_8.pod *

| | ⊕ | Name | Dauer | Start | Ende | Vorgänger | Ressourcen |
|---|---|---|---|---|---|---|---|
| 1 | | ⊟ Marktforschung | 28,25 tage | 04.05.20 08:00 | 17.06.20 14:00 | | |
| 2 | | ⊟ Vorbereitung | 3,25 tage | 04.05.20 08:00 | 07.05.20 10:00 | | |
| 3 | | Kick Off | 0,25 tage | 04.05.20 08:00 | 04.05.20 10:00 | | T. Hilbert;Projektbüro;Geschäftsführung;P. Edel;Auftraggeber;O. Diller |
| 4 | | Erhebungsplan erstellen | 3 tage | 04.05.20 10:00 | 07.05.20 10:00 | 3 | P. Edel[50%];T. Hilbert[50%] |
| 5 | | Erhebungsplan erstellt | 0 tage | 07.05.20 10:00 | 07.05.20 10:00 | 4 | |
| 6 | | ⊟ Interviews | 14 tage | 07.05.20 10:00 | 28.05.20 14:00 | 2 | |
| 7 | | Vorbereitung Interviews | 6 tage | 07.05.20 10:00 | 15.05.20 14:00 | | T. Hilbert |
| 8 | | Durchführung Interviews | 2 tage | 15.05.20 14:00 | 19.05.20 14:00 | 7 | T. Hilbert;Interviewbögen[500 Stück] |
| 9 | | Auswertung Interviews | 6 tage | 19.05.20 14:00 | 28.05.20 14:00 | 8 | T. Hilbert |
| 10 | | Interviewaktion abgeschlossen | 0 tage | 28.05.20 14:00 | 28.05.20 14:00 | 9 | |
| 11 | | ⊟ Fragebögen | 20 tage | 07.05.20 10:00 | 08.06.20 14:00 | 5 | |
| 12 | | Vorbereitung Fragebögen | 4 tage | 07.05.20 10:00 | 13.05.20 14:00 | 4 | O. Diller |
| 13 | | Druck und Versand Fragebögen | 12 tage | 13.05.20 14:00 | 02.06.20 14:00 | 12 | O. Diller;Fragebögen[1.000 Stück];Porto[1.000 Stück] |
| 14 | | Auswertung Fragebögen | 4 tage | 02.06.20 14:00 | 08.06.20 14:00 | 13 | O. Diller |
| 15 | | Fragebogenaktion abgeschlossen | 0 tage | 08.06.20 14:00 | 08.06.20 14:00 | 14 | |
| 16 | | ⊟ Zusammenfassung | 5 tage | 08.06.20 14:00 | 17.06.20 14:00 | 6;11 | |
| 17 | | Konsolidierung Fragebögen und Interviews | 5 tage | 08.06.20 14:00 | 17.06.20 14:00 | 10;15 | P. Edel[50%];T. Hilbert[50%] |
| 18 | | Übergabe der Ergebnisse | 0 tage | 17.06.20 14:00 | 17.06.20 14:00 | 17 | |

*Abbildung 63: Vorgangsliste mit Ressourcen*

Eine weitere Möglichkeit, Ressourcen zuzuordnen:

- Markieren Sie in der Vorgangstabelle den Vorgang, dem Sie eine Ressource zuordnen wollen
- Rufen Sie im Menüband „Vorgang" – Gruppe Vorgang – Ressource zuweisen auf
- Im anschließend geöffneten **Dialogfenster Ressource zuweisen** werden alle Ressourcen aus der Ressourcentabelle aufgelistet
- Klicken Sie in das **Feld Einheiten** hinter der Ressource, die Sie zuordnen möchten, wählen Sie die Einheiten und bestätigen Sie die **Schaltfläche Zuweisen**
- Somit lassen sich auch mehrere Ressourcen zuordnen
- Schließen Sie das Fenster

Marktforschung - C:\Users\Gerd\Documents\Marktforschung_8.pod *

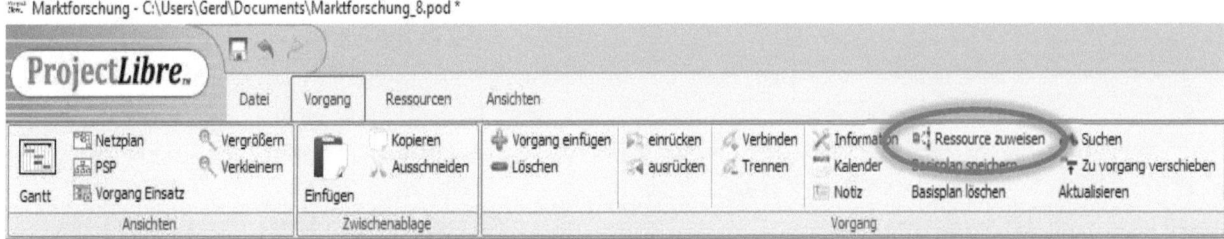

*Abbildung 64: Ressourcen zuweisen*

## 4.2.2   Ressourcenzuordnung „Ansichten"

Über verschiedene Ansichten haben Sie die Möglichkeit sich die Ressourcennutzung anzeigen zu lassen.

Wenn Sie im Gantt Diagramm mit der Maus rechtsklicken öffnet sich ein Zusatzfenster

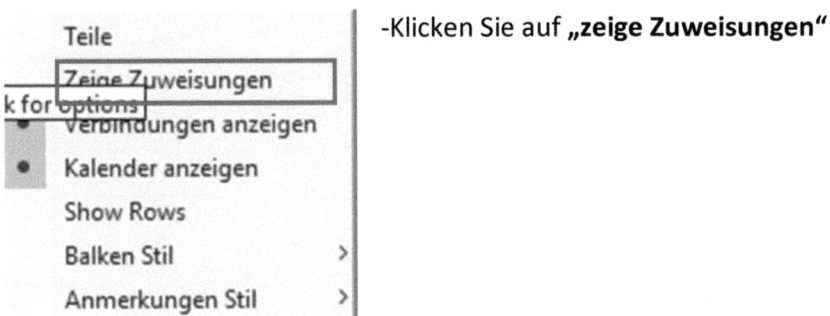

-Klicken Sie auf **„zeige Zuweisungen"**

in der **Tabelle „Eingabe"** erscheinen die zugeteilten Ressourcen

| | ⊛ | Name | Dauer | Start | Ende |
|---|---|---|---|---|---|
| 1 | | ⊟ **Marktforschung** | 28,25 tage | **04.05.20 08:00** | **17.06.20 14:00** |
| 2 | | ⊟ **Vorbereitung** | 3,25 tage | **04.05.20 08:00** | **07.05.20 10:00** |
| 3 | | Kick Off | 0,25 tage | 04.05.20 08:00 | 04.05.20 10:00 |
| | | *T. Hilbert* | *0,016 tage* | *04.05.20 08:00* | *04.05.20 08:07* |
| | | *Projektbüro* | *0,25 tage* | *04.05.20 08:00* | *04.05.20 10:00* |
| | | *Auftraggeber* | *0,062 tage* | *04.05.20 08:00* | *04.05.20 08:30* |
| | | *O. Diller* | *0,125 tage* | *04.05.20 08:00* | *04.05.20 09:00* |
| | | *Geschäftsführung* | *0,016 tage* | *04.05.20 08:00* | *04.05.20 08:07* |
| | | *P. Ede* | *0,031 tage* | *04.05.20 08:00* | *04.05.20 08:15* |
| 4 | | Erhebungsplan erstellen | 3 tage | 04.05.20 10:00 | 07.05.20 10:00 |
| | | *P. Ede* | *3 tage* | *04.05.20 10:00* | *07.05.20 10:00* |
| | | *T. Hilbert* | *3 tage* | *04.05.20 10:00* | *07.05.20 10:00* |
| 5 | | Erhebungsplan erstellt | 0 tage | 07.05.20 10:00 | 07.05.20 10:00 |
| 6 | | ⊟ **Interviews** | 14 tage | **07.05.20 10:00** | **28.05.20 14:00** |
| 7 | | Vorbereitung Interviews | 6 tage | 07.05.20 10:00 | 15.05.20 14:00 |
| | | *T. Hilbert* | *6 tage* | *07.05.20 10:00* | *15.05.20 14:00* |
| 8 | | Durchführung Interviews | 2 tage | 15.05.20 14:00 | 19.05.20 14:00 |
| | | *Interviewbögen* | *2 tage* | *15.05.20 14:00* | *19.05.20 14:00* |
| | | *T. Hilbert* | *2 tage* | *15.05.20 14:00* | *19.05.20 14:00* |
| 9 | | Auswertung Interviews | 6 tage | 19.05.20 14:00 | 28.05.20 14:00 |
| | | *T. Hilbert* | *6 tage* | *19.05.20 14:00* | *28.05.20 14:00* |
| 10 | | Interviewaktion abgeschlossen | 0 tage | 28.05.20 14:00 | 28.05.20 14:00 |
| 11 | | ⊞ **Fragebögen** | 20 tage | **07.05.20 10:00** | **08.06.20 14:00** |
| 15 | | Fragebogenaktion abgeschlossen | 0 tage | 08.06.20 14:00 | 08.06.20 14:00 |
| 16 | | ⊞ **Zusammenfassung** | 5 tage | **08.06.20 14:00** | **17.06.20 14:00** |
| 18 | | Übergabe der Ergebnisse | 0 tage | 17.06.20 14:00 | 17.06.20 14:00 |

*Abbildung 65: Ressourcenzuweisung anzeigen*

Alternativ können Sie auch mit einer geteilten Ansicht arbeiten.

Dazu wählen Sie ganz rechtsoben die **Ansicht Ressource Einsatz** aus.

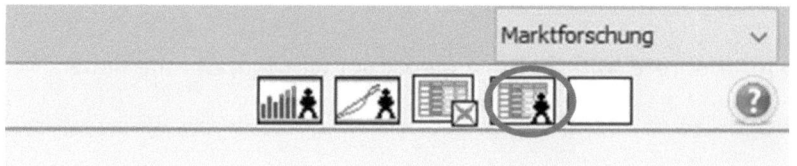

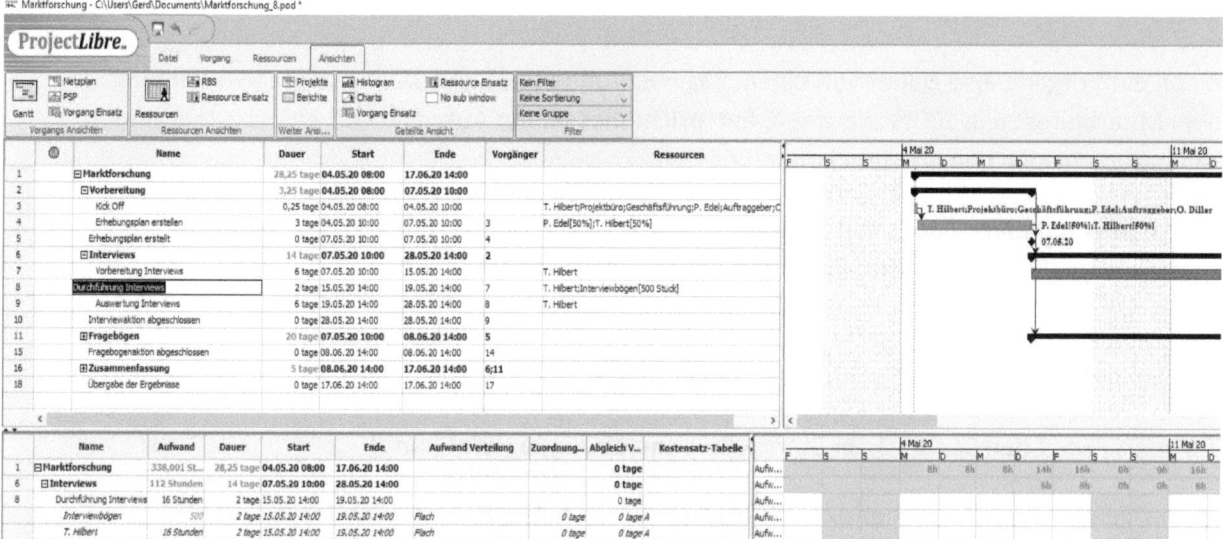

*Abbildung 66: Ressourcenbelastung anzeigen*

Sie können den Zeitstrahl in der unteren Maske verändern.

Wenn Sie z.B. die Zeiten komprimiert pro Monat ansehen wollen,

gehen Sie mit der Maus auf **"vergrößern"**.

Mit Linksklick können Sie die Zeitskala dann verändern.

Verkleinern natürlich genauso.

Die Teilung können Sie wieder aufheben, indem Sie auf das weiße Kästchen oben rechts klicken.

### 4.2.3 Aufwand (Arbeit) und Terminplanung über die Vorgangsarten

Aufwand (Arbeit)

Dadurch, dass einem Vorgang einer oder mehrere Mitarbeiter zugeordnet wurden, ist eine neue Dimension im Projekt entstanden.

**Aufwand/Arbeit = Dauer x Ressourceneinsatz**

Diese Gleichung sollten Sie verinnerlichen, um das Nachfolgende nachvollziehen zu können und sinnvoll bei der Projektplanung anzuwenden.

Wenn ein Vorgang eine Dauer von einem Tag = 8 Stunden hat und wenn wir diesem Vorgang zwei Mitarbeiter zu je 100% zuordnen, entspricht dies einem Aufwand (Arbeit) von 16 Stunden und natürlich auch den entsprechenden Kosten.

Ein Vorgang mit einer Dauer von zwei Tagen und einer Ressource mit 100% sowie einer Ressource mit 50%, entspricht einem Aufwand (Arbeit) von 24 Stunden.

Wir können uns den Aufwand (Arbeit) in ProjectLibre anzeigen lassen, indem wir uns in der Tabelle die entsprechende Spalte (Kolonne) einfügen.

(Rechtsklick auf den **Spaltenkopf Start – Kolonne einfügen – Aufwand**)

Im Übrigen gilt diese Vorgehensweise für alle in ProjectLibre hinterlegten Felder.

Aber dauert eine Besprechung deshalb weniger lange, wenn mehr Teilnehmer zugegen sind?

Wohl eher nicht!

Diese spezifischen Eigenarten eines Vorgangs werden über die Vorgangsart in ProjectLibre gesteuert.

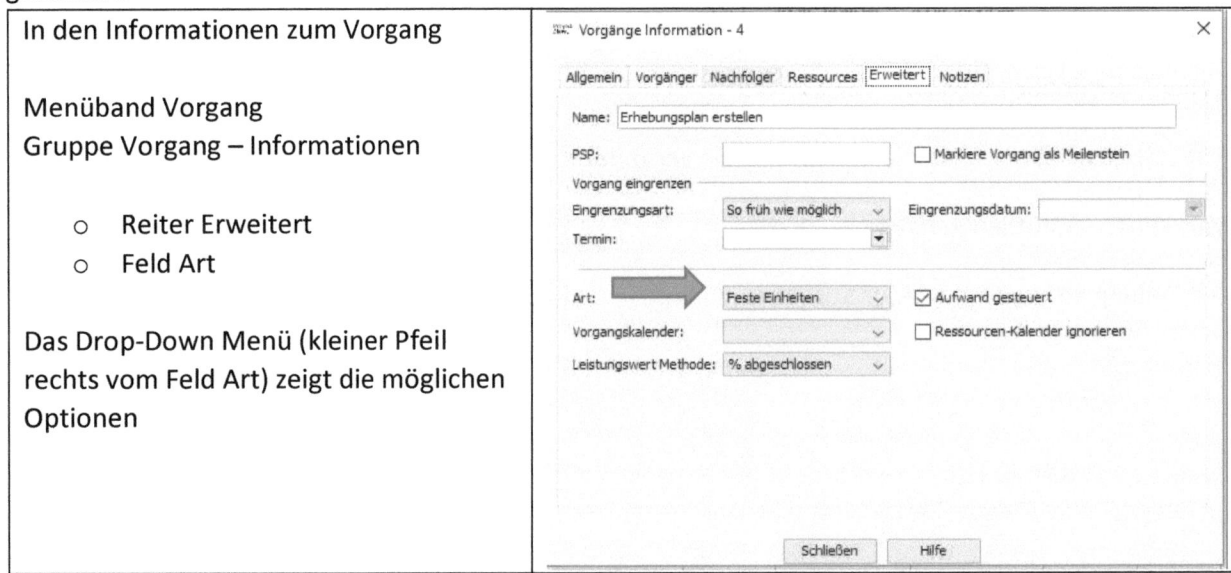

Abbildung 67: Art der Berechnung festlegen

**Standardmäßig in ProjectLibre ist Feste Einheit – Aufwand gesteuert voreingestellt.**

Das heißt, dass die Ressourcenzuordnung die Dauer des Arbeitsaufwands steuert (leistungsgesteuerte Terminplanung). Der Ressourceneinsatz bestimmt die Vorgangsdauer.

Für einen Vorgang ist die Dauer von 10 Tagen errechnet. Der zugeordnete Mitarbeiter wendet die Hälfte seiner Arbeitszeit für den Vorgang auf: Eintrag 50% in der **Spalte Einheiten** im **Dialogfeld Ressourcen** zuordnen.

Wenn Sie nun die Zuordnungseinheit auf 100% ändern, wird die Dauer des Vorgangs neu berechnet und in der **Spalte Dauer** ein Wert von 5 Tagen angezeigt.

Verändern Sie die Dauer eines Vorgangs nach der Zuordnung von Ressourcen, ist dies gleichbedeutend mit einer Neudefinition der Eckwerte. (vorher: Ein Vorgang benötigt 4 Tage bei einem Einsatz von zwei Mitarbeitern; neue Eckwerte: Der Vorgang benötigt 5 Tage bei einem Einsatz von zwei Mitarbeitern). Der Aufwand (Arbeit) der eingesetzten Mitarbeiter erhöht sich entsprechend.

Die Vorgangsart „Feste Arbeit" dient dazu, das Arbeitspaket in Stunden/Tagen vorzugeben und sich für eine gewünschte oder erzwungene Dauer die benötigte Anzahl der Ressourcen berechnen zu lassen.

Fester Aufwand (Arbeit) ist eine Vorgangsart, die häufig in der Praxis vorkommt. Die Anzahl der Arbeitsstunden (Aufwand) für das Arbeitspaket ist konstant, die Mitarbeitertage, die zur Erstellung erforderlich sind werden geschätzt.

Die Einstellung **Feste Dauer** wird von Anwendern bevorzugt, die dem eingebauten Rechenmechanismus von ProjectLibre grundsätzlich misstrauen.

Die Dauer bleibt so, wie sie geschätzt wurde, egal wie hoch die Anzahl der eingesetzten Mitarbeiter ist.

Raum für Notizen:

|  |
|--|
|  |
|  |
|  |
|  |
|  |
|  |
|  |
|  |
|  |

### 4.2.4 Überblick Vorgangsarten

| Feste Einheiten | | | |
|---|---|---|---|
| **Vorgangsart** | **Aufwand gesteuert** | **Sie ändern** | **ProjectLibre berechnet** |
| Feste Einheiten | Ja | Dauer | Arbeit |
| Feste Einheiten | Ja | Arbeit(Aufwand) | Dauer |
| Feste Einheiten | Ja | Einheiten | Dauer |
| Feste Einheiten | Nein | Dauer | Arbeit |
| Feste Einheiten | Nein | Arbeit(Aufwand) | Dauer |
| Feste Einheiten | Nein | Einheiten | Dauer |
| Feste Einheiten | Nein | Zusätzliche Ressource mit anderem Namen | Arbeit für den Vorgang |
| **Feste Arbeit** | | | |
| **Vorgangsart** | **Aufwand gesteuert** | **Sie ändern** | **ProjectLibre berechnet** |
| Feste Arbeit | Entfällt | Dauer | Einheiten |
| Feste Arbeit | Entfällt | Arbeit(Aufwand) | Dauer |
| Feste Arbeit | Entfällt | Einheiten | Dauer |
| Feste Arbeit | Entfällt | Zusätzliche Ressource mit anderem Namen | Dauer |
| **Feste Dauer** | | | |
| **Vorgangsart** | **Aufwand gesteuert** | **Sie ändern** | **ProjectLibre berechnet** |
| Feste Dauer | Ja | Dauer | Arbeit |
| Feste Dauer | Ja | Arbeit(Aufwand) | Dauer |
| Feste Dauer | Ja | Einheiten | Arbeit |
| Feste Dauer | Ja | Zusätzliche Ressource mit anderem Namen | Einheiten |
| Feste Dauer | Nein | Dauer | Arbeit |
| Feste Dauer | Nein | Arbeit(Aufwand) | Einheiten |
| Feste Dauer | Nein | Einheiten | Arbeit |
| Feste Dauer | Nein | Zusätzliche Ressource mit anderem Namen | Arbeit |

*Abbildung 68: Überblick Vorgangsarten*

**Kleine Übung zu Vorgangsarten:**

Fügen Sie hierzu zunächst die **Kolonnen „Art"** und **„Aufwand gesteuert"** ein!

Experimentieren Sie mit den einzelnen Einstellungen um den Einfluss dieser Einstellungen zu erkennen.

## 4.2.5 Ressourcenbelastung anzeigen

Ressourcenabgleich (Ressourcenglättung)

Im Menüband Vorgang – Gruppe Ansicht – **„Vorgang Einsatz"** lassen sich die Ressourcenstunden auch manuell abgleichen.

Hier kann man sowohl Überlastungen verschieben als auch eine sog. Staffelzuteilung vornehmen.

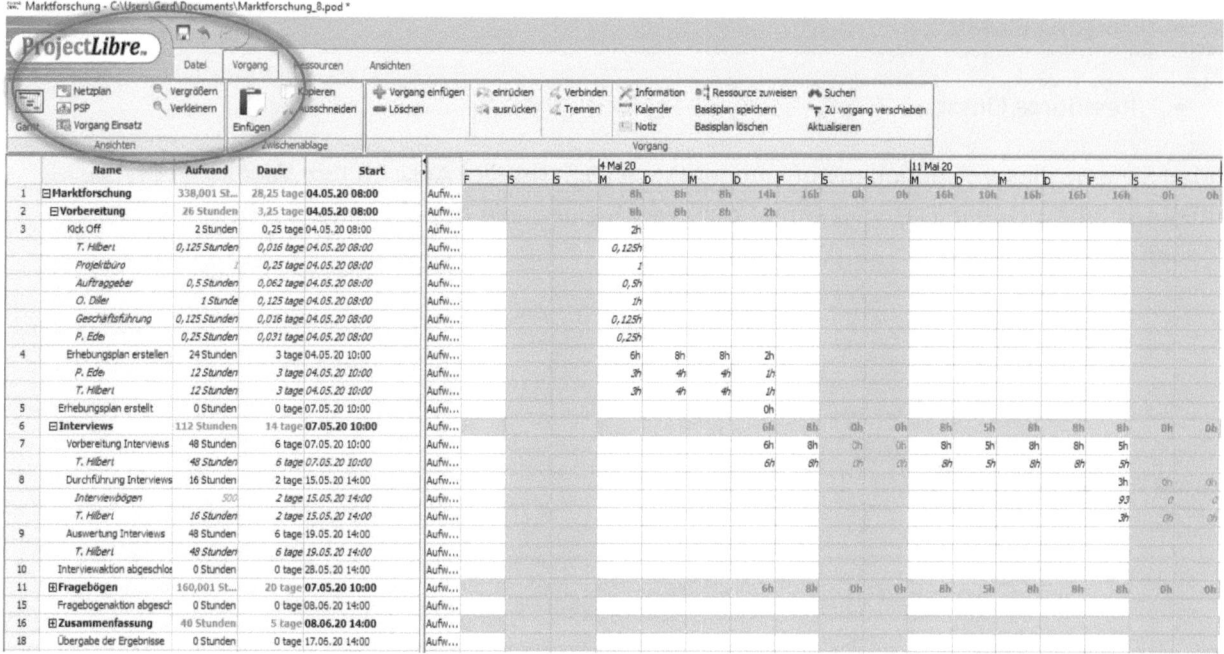

*Abbildung 69: Vorgang Einsatz*

Das Ergebnis lässt sich auch im Gantt Diagramm betrachten.

ProjectLibre verfügt über diese Analyseansicht für die Ressourcenzuordnung die so in anderen Projektmanagement Lösungen nicht zur Verfügung steht.

Mit Rechtsklick in das Diagramm erreichen Sie das Kontextmenü.
Aktivieren Sie den Befehl **„Zeige Zuweisungen"**.

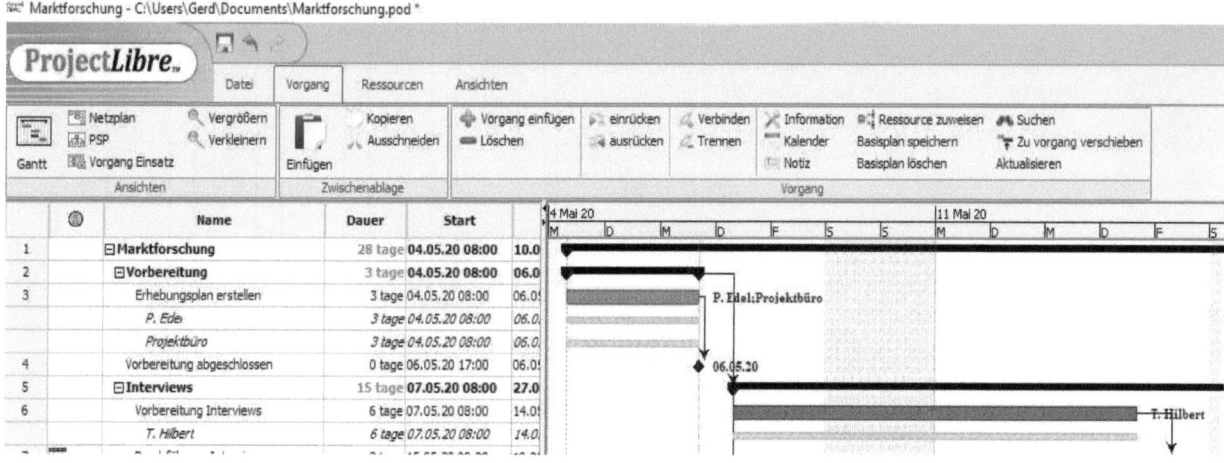

*Abbildung 70: Zeige Zuweisungen*

### 4.2.6   Weitere Funktionen im Menüband, z.B. Ressourcenhistogramm

Das Menüband bietet die Möglichkeit weiterer Ansichten. Sie haben die Funktionen

- Histogramm

- Charts

- Vorgang Einsatz

- Ressource Einsatz

Rufen Sie eine dieser Funktionen auf, entsteht eine sog. Geteilte Ansicht. Ihre Tabelle, in der Sie arbeiten bleibt sichtbar. Darunter öffnet sich jedoch eine neue Ansicht in der Sie Details sehen können.

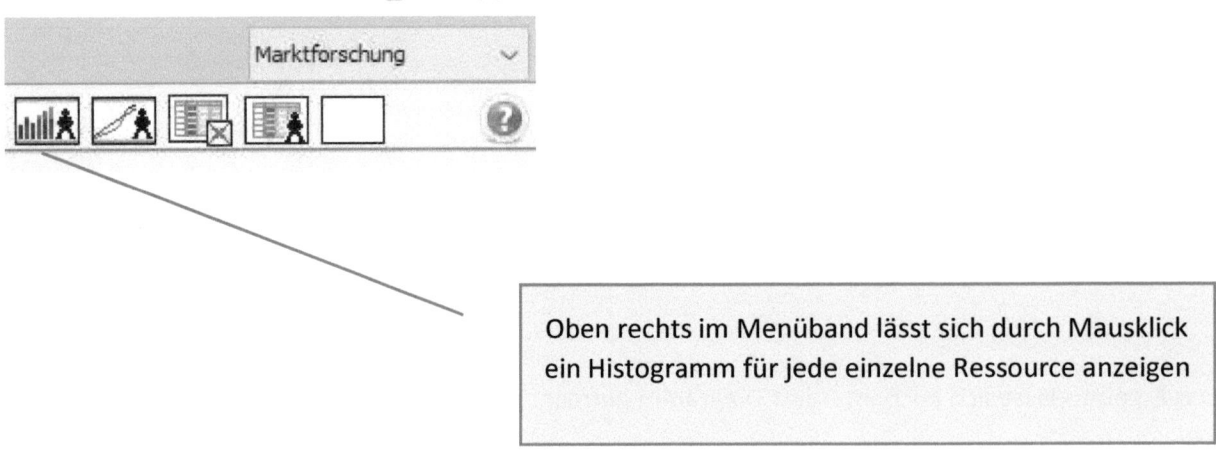

Oben rechts im Menüband lässt sich durch Mausklick ein Histogramm für jede einzelne Ressource anzeigen

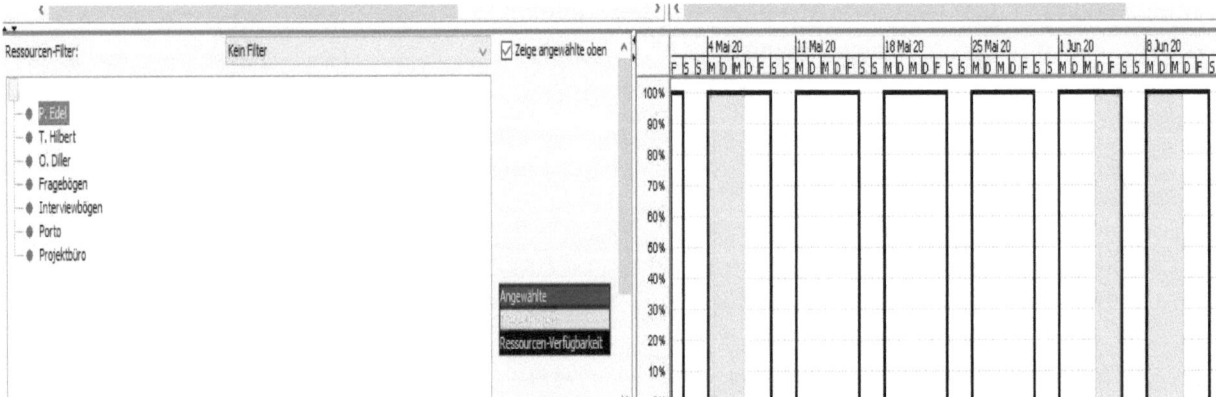

*Abbildung 71: Ressourcenhistogramm*

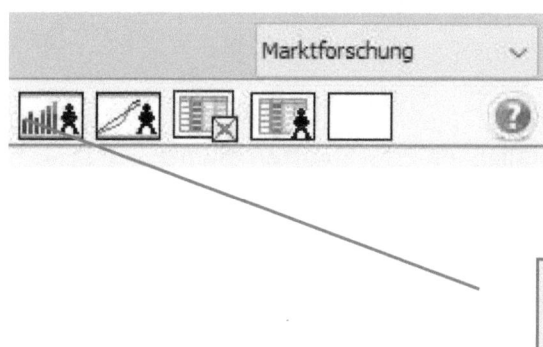

Oben rechts im Menüband lassen sich durch Mausklick auch Charts zu Aufwand und Kosten visualisieren

*Abbildung 72: Baseline Work (geplante Arbeit)*

Auf die geteilten Ansichten wird später im Kapitel Berichte noch näher eingegangen.

**Raum für Notizen**

| |
|---|
| |
| |
| |
| |
| |
| |
| |
| |
| |
| |
| |
| |
| |

## 4.3 Kosten erfassen und zuordnen

### 4.3.1 Grundsätzliches zu Projektkosten

Ein wichtiger Aspekt des Projektmanagements sind die anfallenden Projektkosten. Häufig hängt der Erfolg eines Projektes nicht nur von der Einhaltung des Endtermins, sondern auch davon ab, inwieweit die Kostenplanung und das vorgegebene Budget eingehalten wurden.

Mithilfe von ProjectLibre können die Projektkosten ermittelt und überwacht werden.

### 4.3.2 Kostentabelle

Die Auswahl der Tabelle erreichen sie über einen Rechtklick zwischen Zeilen- und Spaltenkopf

Datei: Marktforschung 8

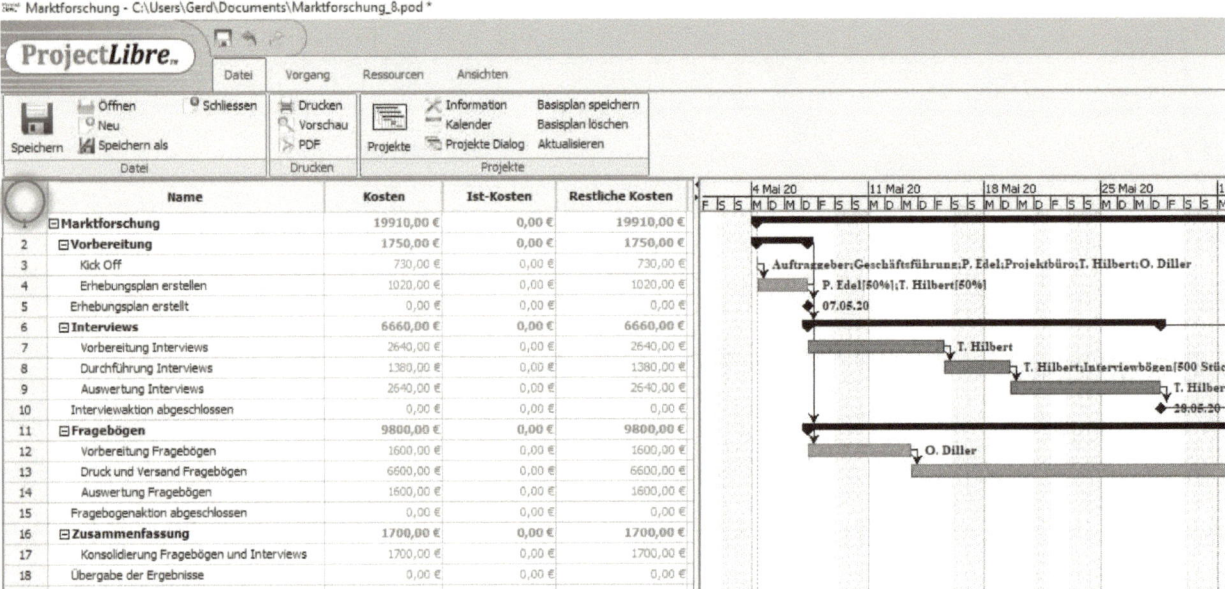

*Abbildung 73: Marktforschung 8, Tabelle Kosten*

Nachdem den einzelnen Vorgängen Ressourcen zugewiesen wurden (Aufwands- und Materialressourcen) werden die berechneten Kosten je Vorgang/Phase und für das Gesamtprojekt in der Kostentabelle angezeigt.

Die Spalten Ist-Kosten und Baseline-Kosten sind noch leer.

**Wir haben bisher weder geplante Kosten da ein Basisplan fehlt, noch die Ist-Kosten, da wir noch in der Planungsphase sind.**

# 5 Zwischenresultate

| Hauptaufgabe | Teilaufgaben | Check |
|---|---|---|
| 1. Neues Projekt | Name vergeben<br>Projektleitung benannt<br>Starttermin festgelegt<br>Berechnungsart festgelegt<br>Ggf. Notizen | |
| 2. Kalender | Projektspezifischen Kalender angelegt<br>Arbeitszeiten definiert<br>Arbeitsfreie Tage festgelegt (z.B. Feiertage) | |
| 3. Vorgänge | Vorgangstabelle erstellt<br>Dauer festgelegt (geschätzt)<br>Gliederung erstellt (Projektstruktur)<br>Meilensteine definiert<br>Vorgänge und Meilensteine verknüpft<br>Filter (z.B. kritische Vorgänge) getestet<br>Ggf. Vorgangskalender definiert und zugeordnet | |
| 4. Ressourcen/Kosten | Ressourcentabelle angelegt<br>Ressourcenkosten zugeordnet<br>Ressourcen den Vorgängen zugeordnet<br>Ressourceneinsatz überprüft<br>Kostentabelle überprüft | |
| Fortsetzung folgt | | |

**Raum für Notizen**

| |
|---|
| |
| |
| |
| |
| |
| |
| |
| |
| |

# 6. Fallstudie: IT-Outsourcing

Die Musterunternehmen AG plant, die betriebliche Informationsverarbeitung teilweise oder vollständig auszulagern. Sie sind der Projektleiter für dieses Outsourcing-Vorhaben.

Die Vorbereitung soll in einem Kostenrahmen von max. 70.000 € liegen.

Die Vorbereitung soll nach 12 Wochen abgeschlossen sein.

Ihre Aufgabe ist es, die einzelnen Schritte bis zur Vorbereitung der Vertragsverhandlungen zu planen.

Das Projekt startet mit einer Kick-Off Veranstaltung aller Beteiligten (Dauer: 1 Tag), in der die Ziele und Vorgehensweise im Projekt vereinbart werden.
Neben Ihnen nehmen noch 5 weiter Personen aus Ihrem Unternehmen teil.

- Im Anschluss daran realisieren zwei ihrer Mitarbeiter die Aufnahme der Ist-Situation. Dabei erfolgt zuerst eine Inventarisierung der Hardware (Aufwand: 14 Mitarbeitertage (MT)), dann die Katalogisierung der installierten Software-Systeme (Aufwand: 8 MT) und danach die Dokumentation des Netzwerkes mit allen Verbindungen zu den Unternehmensstandorten. Die zwei Mitarbeiter benötigen für letztere Aufgabe 3 Kalendertage.
- Die detaillierte Beschreibung der Anforderungen an die Betriebsfunktionen erstellen Sie parallel zur Aufnahme der Ist-Situation (Dauer: 12 Tage).
- Der nächste Schritt ist die Ausschreibung. Dabei bilden die Ist-Aufnahme und die Beschreibung der Anforderungen die Voraussetzungen.
  Die Ausschreibungsunterlagen erarbeiten Sie als Projektleiter an 4 Tagen gemeinsam mit einem Mitarbeiter der Einkaufsabteilung.
  Der anschließende Versand der Ausschreibung an die potenziellen Anbietererfolgt durch die Projektassistenz (Aufwand: 1 MT).
- Die Frist für die Angebotsabgabe beträgt 10 Tage.
  Nach Ablauf dieser Frist erfolgt die Auswertung der eingegangenen Angebote.
- Bei der Angebotsvorauswahl untersuchen Sie mit 2 Mitarbeitern die Angebote und Outsourcing-Konzeptionen hinsichtlich ihrer fachlichen und kommerziellen Ziele (Aufwand: 30 MT)
- Das Ergebnis ist eine Liste der Anbieter, die zur Angebotspräsentation eingeladen werden. Die Präsentationen von insgesamt 5 Anbietern dauern jeweils einen Tag und finden an aufeinanderfolgenden Tagen statt.
  Teilnehmer an diesen Präsentationen sind der Projektleiter, der Leiter der Einkaufsabteilung sowie die zwei Geschäftsführer und die Projektassistentin (Aufwand: 25 MT)
- Die Angebotsauswahl erfolgt im Anschluss an die Präsentationen.
  Hier werden zwei Unternehmen aufgefordert ein konkretes Angebot abzugeben. Die Kommunikation mit den jeweiligen Unternehmen übernehmen Sie zusammen mit Ihrer Projektassistentin (Aufwand: 8 MT).
- Nach Angebotspräzisierung durch die Anbieter prüfen Sie zusammen mit dem Leiter der Einkaufsabteilung die Angebote und entscheiden nach mehreren Gesprächen über eine zukünftige Outsourcing-Partnerschaft (Dauer: 7 Tage, Aufwand: 2 MT).

Die abschließenden Vertragsverhandlungen sind nicht mehr Bestandteil Ihrer Projektplanung.

# 6.1 Aufgaben:

a) Erstellen Sie eine Vorgangsliste mit Vorgangsbeziehungen.
b) Erstellen Sie einen vernetzten Balkenplan.
c) Erstellen Sie die Projektterminplanung als Netzplan.
d) Ermitteln Sie den kritischen Weg und markieren Sie die Vorgänge, die auf dem kritischen Weg liegen.
e) Nach wie vielen Arbeitstagen kann das Projekt abgeschlossen werden?
f) Erstellen Sie einen Projektstrukturplan.

## 6.1.1 Hinweise:

Neues Projekt anlegen, Vorgangsliste mit Vorgangsdauer erfassen

- Legen Sie zunächst ein neues Projekt mit dem Namen: **IT-Outsourcing** an
- Bestimmen Sie die Projektleitung und das Start-Datum: 04.05.2020
- Legen Sie hierbei fest, dass das Projekt vom Anfangsdatum berechnet wird
- Erfassen Sie im Standard-Kalender die folgenden arbeitsfreien Tage

  - Legen Sie den 21.05., 01.06., 11.06. und 12.06 als arbeitsfreie Zeit fest

  - **Überprüfen Sie Ihre Ergebnisse und speichern Sie anschließend Ihr Resultat**

- Erfassen Sie die u.g. Vorgänge mit Vorgangsdauer

## 6.1.2 Zwischenergebnis I

IT-Outsourcing *

| | ⓘ | Name | Dauer | Start | Ende | Vorgänger |
|---|---|---|---|---|---|---|
| 1 | | Kick-Off | 1 tag | 04.05.20 08:00 | 04.05.20 17:00 | |
| 2 | | Inventarisierung Hardware | 7 tage | 04.05.20 08:00 | 12.05.20 17:00 | |
| 3 | | Katalogisierung Software | 4 tage | 04.05.20 08:00 | 07.05.20 17:00 | |
| 4 | | Dokumentation Netzwerk | 3 tage | 04.05.20 08:00 | 06.05.20 17:00 | |
| 5 | | Anforderungen beschreiben | 12 tage | 04.05.20 08:00 | 19.05.20 17:00 | |
| 6 | | Ausschreibungsunterlagen erstellen | 4 tage | 04.05.20 08:00 | 07.05.20 17:00 | |
| 7 | | Versand der Ausschreibung | 1 tag | 04.05.20 08:00 | 04.05.20 17:00 | |
| 8 | | Angebotsfrist | 10 tage | 04.05.20 08:00 | 15.05.20 17:00 | |
| 9 | | Angebotsvorauswahl | 10 tage | 04.05.20 08:00 | 15.05.20 17:00 | |
| 10 | | Anbieterpräsentationen | 5 tage | 04.05.20 08:00 | 08.05.20 17:00 | |
| 11 | | Angebote präzisieren | 4 tage | 04.05.20 08:00 | 07.05.20 17:00 | |
| 12 | | Angebote prüfen/entscheiden | 7 tage | 04.05.20 08:00 | 12.05.20 17:00 | |

*Abbildung 74: Fallstudie IT-Outsourcing, Zwischenergebnis I*

## 6.2 Übung zu: Vorgänge gliedern, Meilensteine einfügen

### 6.2.1 Erste Aufgaben:

- Öffnen Sie die o.g. Vorlage
- Fügen Sie folgende Vorgänge ein (lt. Abbildung 74)
  - vor Vorgang 1 „Kick-Off": IT-Outsourcing
  - vor Vorgang 1 „Kick-Off": Ist-Aufnahme
  - vor Vorgang 6 „Ausschreibungsunterlagen erstellen": Ausschreibung
  - vor Vorgang 9 „Angebotsauswertung
- Stufen sie die zugehörigen Vorgänge tiefer

### 6.2.2 Meilensteine einfügen

Fügen Sie folgende Vorgänge mit einer Vorgangsdauer „0 Tage" ein

- nach Anforderungen beschreiben: **Ist-Aufnahme abgeschlossen**
- nach Angebotsfrist: **Ausschreibung abgeschlossen**
- nach Angebote prüfen und entscheiden: **Übergabe der Ergebnisse**

### 6.2.3 Zwischenergebnis II

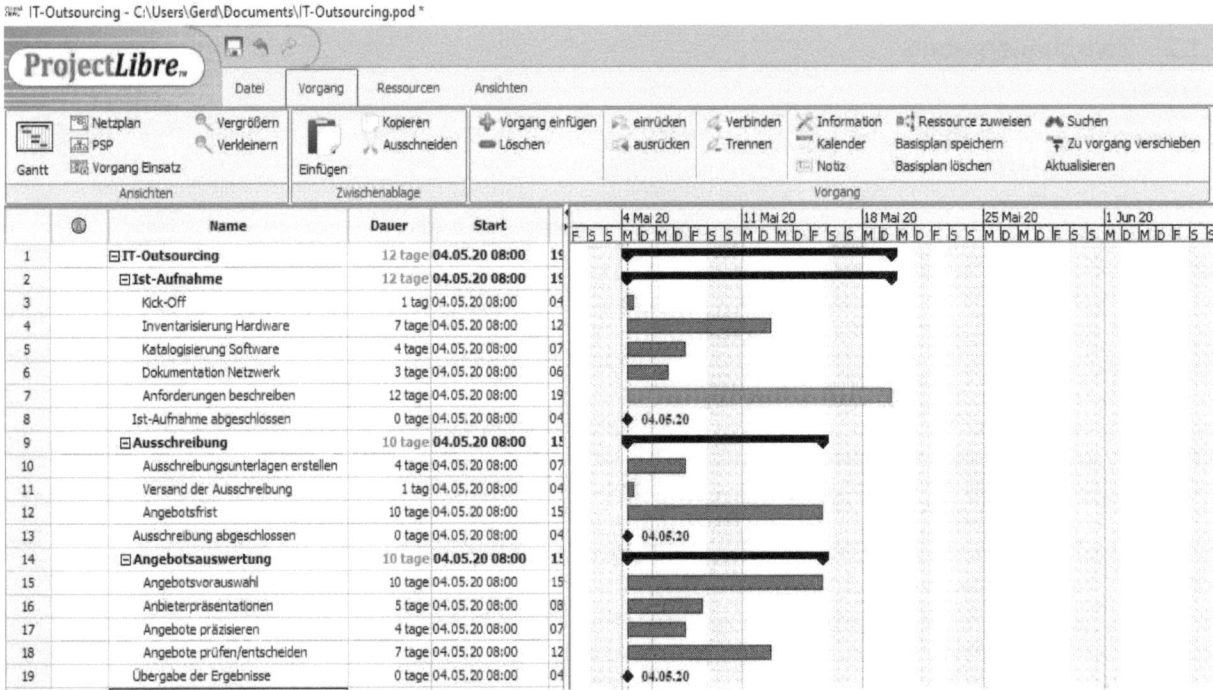

*Abbildung 75: IT-Outsourcing, Zwischenergebnis II*

**Speichern Sie Ihr Ergebnis!**

## 6.2.4 Vorgangsverknüpfungen

Erstellen Sie die entsprechenden Vorgangsverknüpfungen gem. Aufgabenstellung!

## 6.2.5 Zwischenergebnis III

| | ⓐ | Name | Dauer | Start | Ende | Vorgänger |
|---|---|---|---|---|---|---|
| 1 | | ⊟IT-Outsourcing | 56 tage | 04.05.20 08:00 | 24.07.20 17:00 | |
| 2 | | ⊟Ist-Aufnahme | 15 tage | 04.05.20 08:00 | 25.05.20 17:00 | |
| 3 | | Kick-Off | 1 tag | 04.05.20 08:00 | 04.05.20 17:00 | |
| 4 | | Inventarisierung Hardware | 7 tage | 05.05.20 08:00 | 13.05.20 17:00 | 3 |
| 5 | | Katalogisierung Software | 4 tage | 14.05.20 08:00 | 19.05.20 17:00 | 4 |
| 6 | | Dokumentation Netzwerk | 3 tage | 20.05.20 08:00 | 25.05.20 17:00 | 5 |
| 7 | | Anforderungen beschreiben | 12 tage | 05.05.20 08:00 | 20.05.20 17:00 | 3 |
| 8 | | Ist-Aufnahme abgeschlossen | 0 tage | 25.05.20 17:00 | 25.05.20 17:00 | 2 |
| 9 | | ⊟Ausschreibung | 15 tage | 26.05.20 08:00 | 18.06.20 17:00 | 2 |
| 10 | | Ausschreibungsunterlagen erstellen | 4 tage | 26.05.20 08:00 | 29.05.20 17:00 | 6;7 |
| 11 | | Versand der Ausschreibung | 1 tag | 02.06.20 08:00 | 02.06.20 17:00 | 10 |
| 12 | | Angebotsfrist | 10 tage | 03.06.20 08:00 | 18.06.20 17:00 | 11 |
| 13 | | Ausschreibung abgeschlossen | 0 tage | 18.06.20 17:00 | 18.06.20 17:00 | 9 |
| 14 | | ⊟Angebotsauswertung | 26 tage | 19.06.20 08:00 | 24.07.20 17:00 | 9 |
| 15 | | Angebotsvorauswahl | 10 tage | 19.06.20 08:00 | 02.07.20 17:00 | |
| 16 | | Anbieterpräsentationen | 5 tage | 03.07.20 08:00 | 09.07.20 17:00 | 15 |
| 17 | | Angebote präzisieren | 4 tage | 10.07.20 08:00 | 15.07.20 17:00 | 16 |
| 18 | | Angebote prüfen/entscheiden | 7 tage | 16.07.20 08:00 | 24.07.20 17:00 | 17 |
| 19 | | Übergabe der Ergebnisse | 0 tage | 24.07.20 17:00 | 24.07.20 17:00 | 18 |

*Abbildung 76: IT-Outsourcing, strukturierte Vorgangsliste, Zwischenergebnis III*

**Ergebnis**

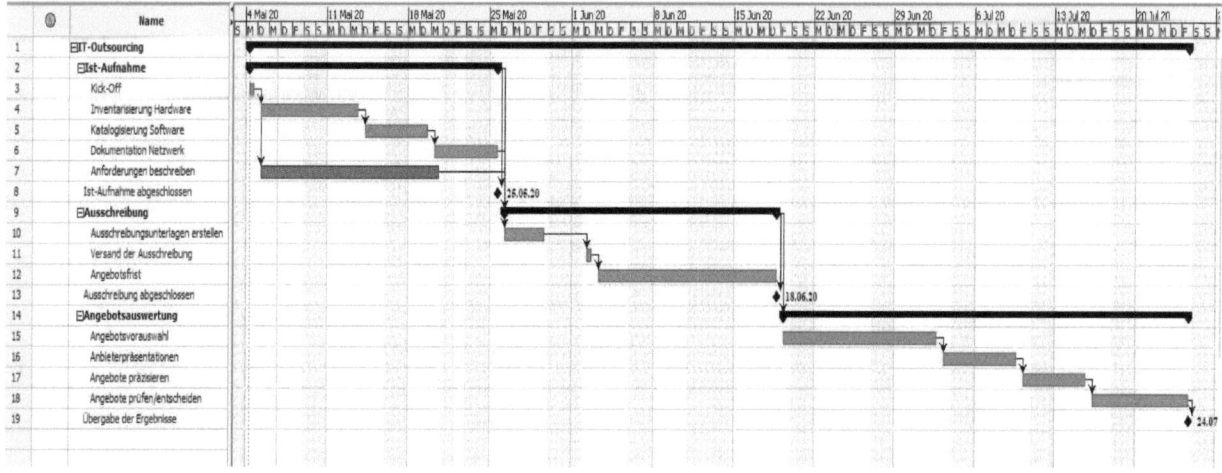

*Abbildung 77: IT-Outsourcing, vernetzter Balkenplan*

## 6.3 Ressourcen und Kosten

### 6.3.1 Ressourcentabelle anlegen

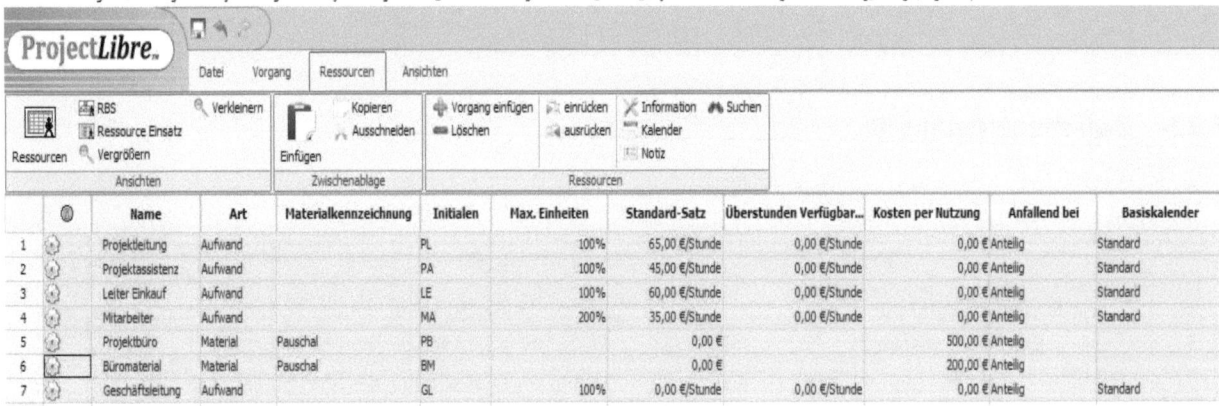

*Abbildung 78: IT-Outsourcing, Ressourcentabelle*

### 6.3.2 Ressourcen zuordnen

Ordnen Sie die angegebenen Ressourcen den entsprechenden Vorgängen zu!

### 6.3.4 Zwischenergebnis IV

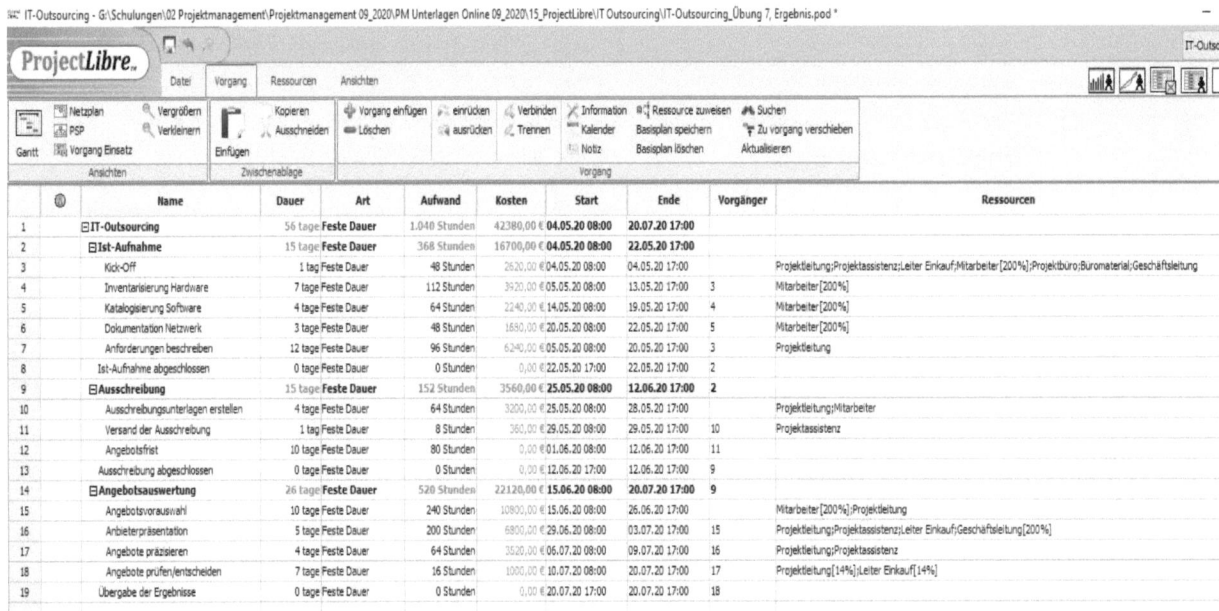

*Abbildung 79: IT-Outsourcing, Zwischenergebnis IV*

# 7 Basisplan und Projektfortschritt

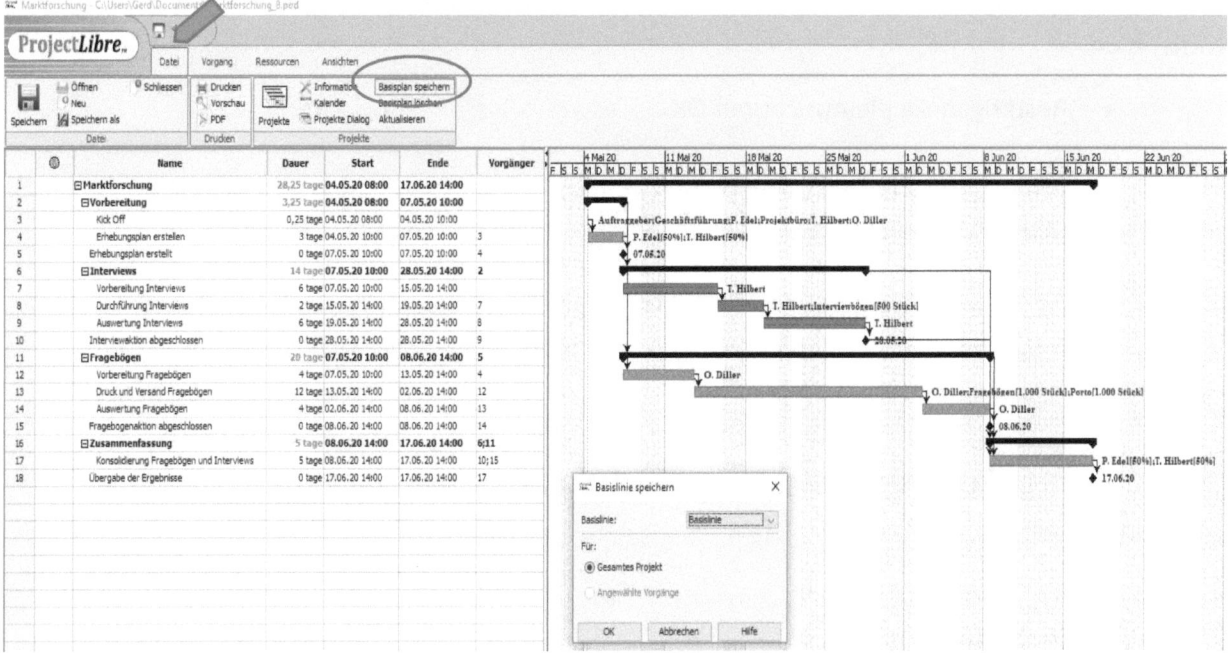

*Abbildung 80: Basisplan speichern*

## 7.1 Basisplan anlegen

Sie haben Ihren Projektplan jetzt ohne Terminkonflikte und Ressourcenüberlastungen abgeschlossen. Versuchen Sie immer mit einem „sauberen" Plan in Ihr Projekt zu starten.

Probleme mit Terminen und überlasteten Ressourcen tauchen früher oder später ganz von alleine auf und Sie werden genug damit zu tun haben, Ihren Plan unter widrigen Umständen einzuhalten.

Dafür haben Sie hoffentlich eine saubere Planung mit Puffern in den einzelnen Phasen erarbeitet.

Nachdem der Plan steht und genehmigt wurde, erstellen Sie einen Basisplan. Das heißt, dass die berechneten Plandaten intern umkopiert werden in Sollwerte (Plandaten).

Grundsätzlich kennen wir drei Werte im Verlauf der Projektplanung:

- **Berechnete Werte**, sind die Werte, die sich im Verlauf der Projektplanung ergeben haben und die bei der Eingabe von aktuellen Werten für die nachfolgenden Vorgänge berechnet werden.
- **Sollwerte**, sind die Werte des genehmigten Basisplans
- **Aktuelle Werte** werden im Projektverlauf manuell erfasst und mit den Soll-Werten im Rahmen eines Soll-Ist-Vergleichs gegenübergestellt.

    Eine einfache Methode ist die sog. 0-50-100 Methode

    0%      = nicht begonnen

    50%     = in Arbeit (WIP)

    100%    = abgeschlossen

Den Basisplan erzeugen Sie im Menüband Datei – Gruppe Projekte – Basisplan speichern

Vor der Speicherung des Basisplans sollten Sie eine Sicherungskopie des aktuellen Plans vornehmen.

- Bestätigen Sie die Ansicht mit OK

- Wenn bereits ein Basisplan erstellt wurde, können später auch ausgewählte (neu hinzukommende) Vorgänge dem Basisplan hinzugefügt werden

- Das erneute Anlegen eines Basisplans würde den alten überschreiben und möglicherweise eingefügte aktuelle Werte zu neuen Soll-Werten machen

### Das ist im Sinn einer Projektverfolgung, ausgehend vom genehmigten Basisplan nicht wünschenswert!

## 7.1.1 Ausschnitt Basisplan

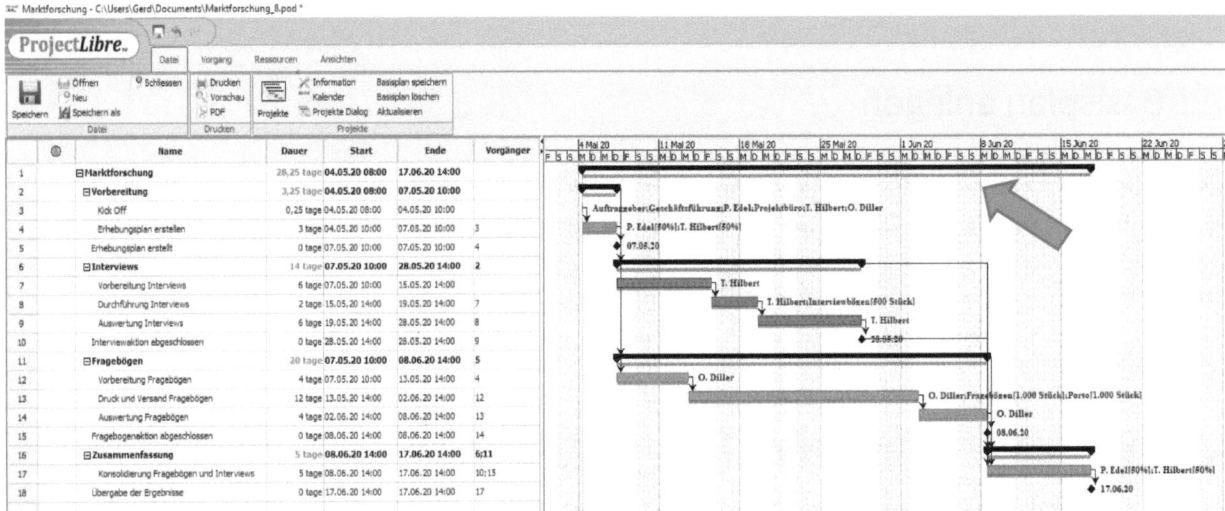

*Abbildung 81: Marktforschung, Ausschnitt mit Basisplan*

Nachdem Sie mit OK bestätigt haben, sind dem Gantt Diagramm graue Balken hinzugefügt worden.

Dies ist der Basisplan. Alle berechneten Werte wie z.B. Termin, Kosten sind jetzt Planwerte.

Die Software kann mit dieser Information jetzt den Fortschritt zu jedem beliebigen, von Ihnen definierten Zeitpunkt messen.

Wenn Sie die Projektinformation aufrufen, sind diese Werte hinterlegt.

## 7.1.2 Ansicht Projektinformation

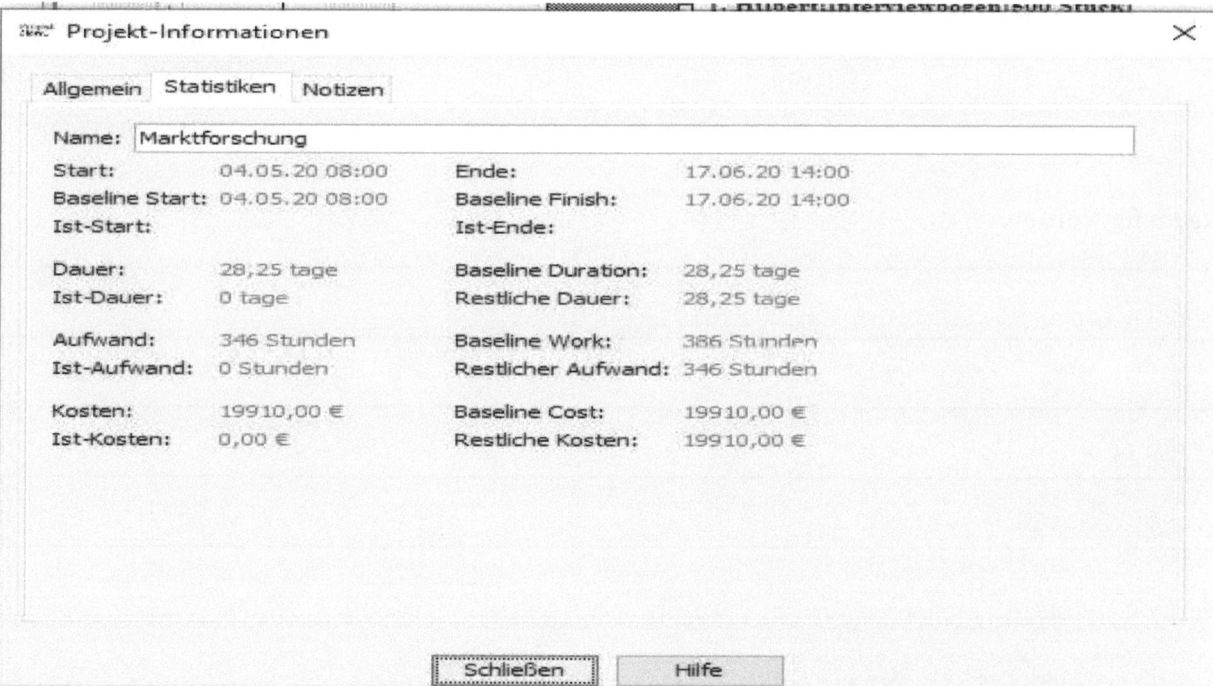

*Abbildung 82: Ansicht Projektinformation*

### 7.1.3 Ausschnitt Kostentabelle (Beispiel)

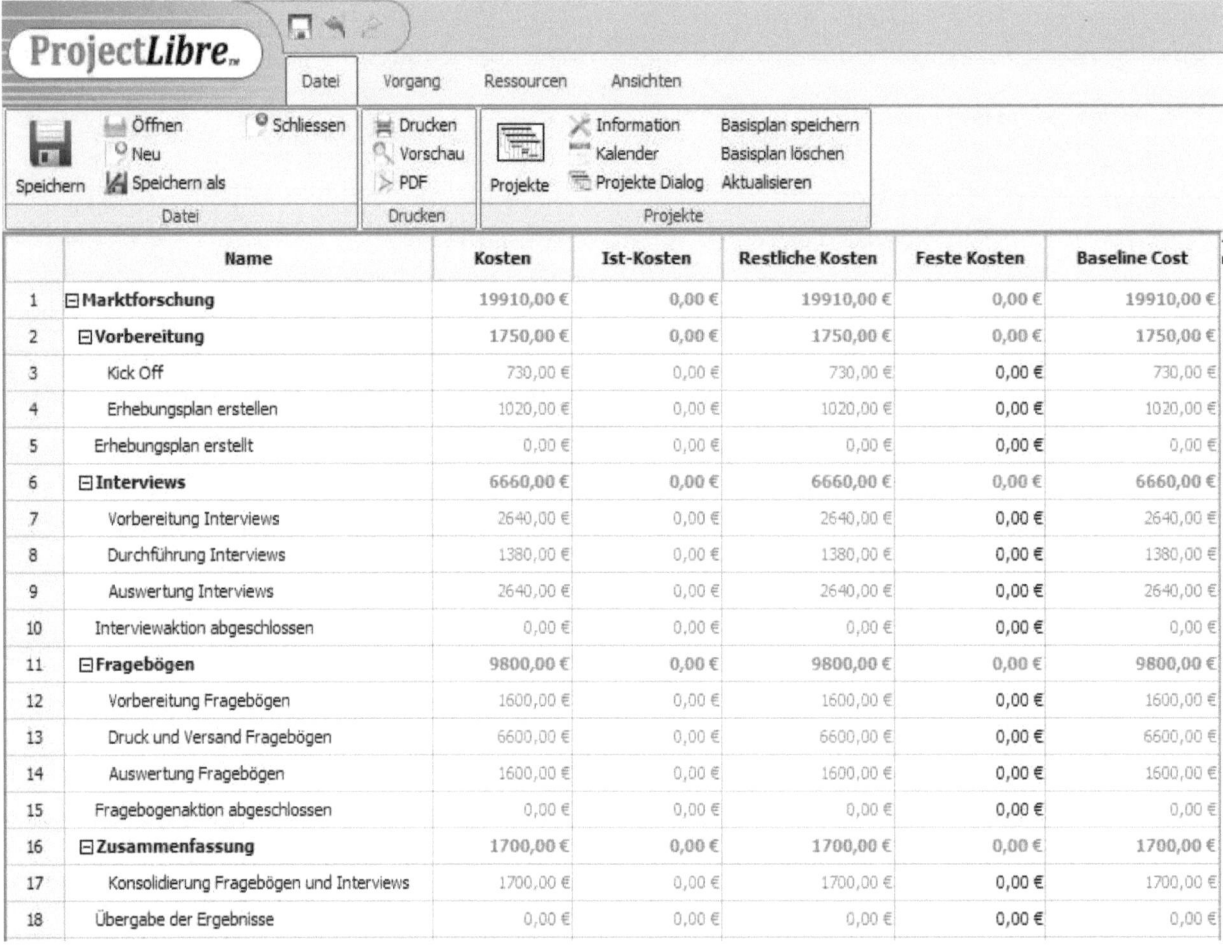

Marktforschung - C:\Users\Gerd\Documents\Marktforschung_9.pod

| | Name | Kosten | Ist-Kosten | Restliche Kosten | Feste Kosten | Baseline Cost |
|---|---|---|---|---|---|---|
| 1 | ⊟ Marktforschung | 19910,00 € | 0,00 € | 19910,00 € | 0,00 € | 19910,00 € |
| 2 | ⊟ Vorbereitung | 1750,00 € | 0,00 € | 1750,00 € | 0,00 € | 1750,00 € |
| 3 | Kick Off | 730,00 € | 0,00 € | 730,00 € | 0,00 € | 730,00 € |
| 4 | Erhebungsplan erstellen | 1020,00 € | 0,00 € | 1020,00 € | 0,00 € | 1020,00 € |
| 5 | Erhebungsplan erstellt | 0,00 € | 0,00 € | 0,00 € | 0,00 € | 0,00 € |
| 6 | ⊟ Interviews | 6660,00 € | 0,00 € | 6660,00 € | 0,00 € | 6660,00 € |
| 7 | Vorbereitung Interviews | 2640,00 € | 0,00 € | 2640,00 € | 0,00 € | 2640,00 € |
| 8 | Durchführung Interviews | 1380,00 € | 0,00 € | 1380,00 € | 0,00 € | 1380,00 € |
| 9 | Auswertung Interviews | 2640,00 € | 0,00 € | 2640,00 € | 0,00 € | 2640,00 € |
| 10 | Interviewaktion abgeschlossen | 0,00 € | 0,00 € | 0,00 € | 0,00 € | 0,00 € |
| 11 | ⊟ Fragebögen | 9800,00 € | 0,00 € | 9800,00 € | 0,00 € | 9800,00 € |
| 12 | Vorbereitung Fragebögen | 1600,00 € | 0,00 € | 1600,00 € | 0,00 € | 1600,00 € |
| 13 | Druck und Versand Fragebögen | 6600,00 € | 0,00 € | 6600,00 € | 0,00 € | 6600,00 € |
| 14 | Auswertung Fragebögen | 1600,00 € | 0,00 € | 1600,00 € | 0,00 € | 1600,00 € |
| 15 | Fragebogenaktion abgeschlossen | 0,00 € | 0,00 € | 0,00 € | 0,00 € | 0,00 € |
| 16 | ⊟ Zusammenfassung | 1700,00 € | 0,00 € | 1700,00 € | 0,00 € | 1700,00 € |
| 17 | Konsolidierung Fragebögen und Interviews | 1700,00 € | 0,00 € | 1700,00 € | 0,00 € | 1700,00 € |
| 18 | Übergabe der Ergebnisse | 0,00 € | 0,00 € | 0,00 € | 0,00 € | 0,00 € |

*Abbildung 83: Marktforschung, Kostentabelle*

### Raum für Notizen

| |
|---|
| |
| |
| |
| |
| |
| |
| |

## 7.1.4 Projektüberwachung (Steuerung)

Zur Planung gehört unweigerlich auch die Überwachung.

Überwachung heißt:

Den Plan mit dem tatsächlichen Projektverlauf vergleichen und bei Abweichungen geeignete Steuerungsmaßnahmen entwerfen und umsetzen (Soll-Ist Vergleich).

Dazu stehen Ihnen verschiedene Werkzeuge zur Verfügung:

**Variante 1:**

Über die Informationen zum Vorgang lässt sich der Fertigstellungsgrad in % erfassen:

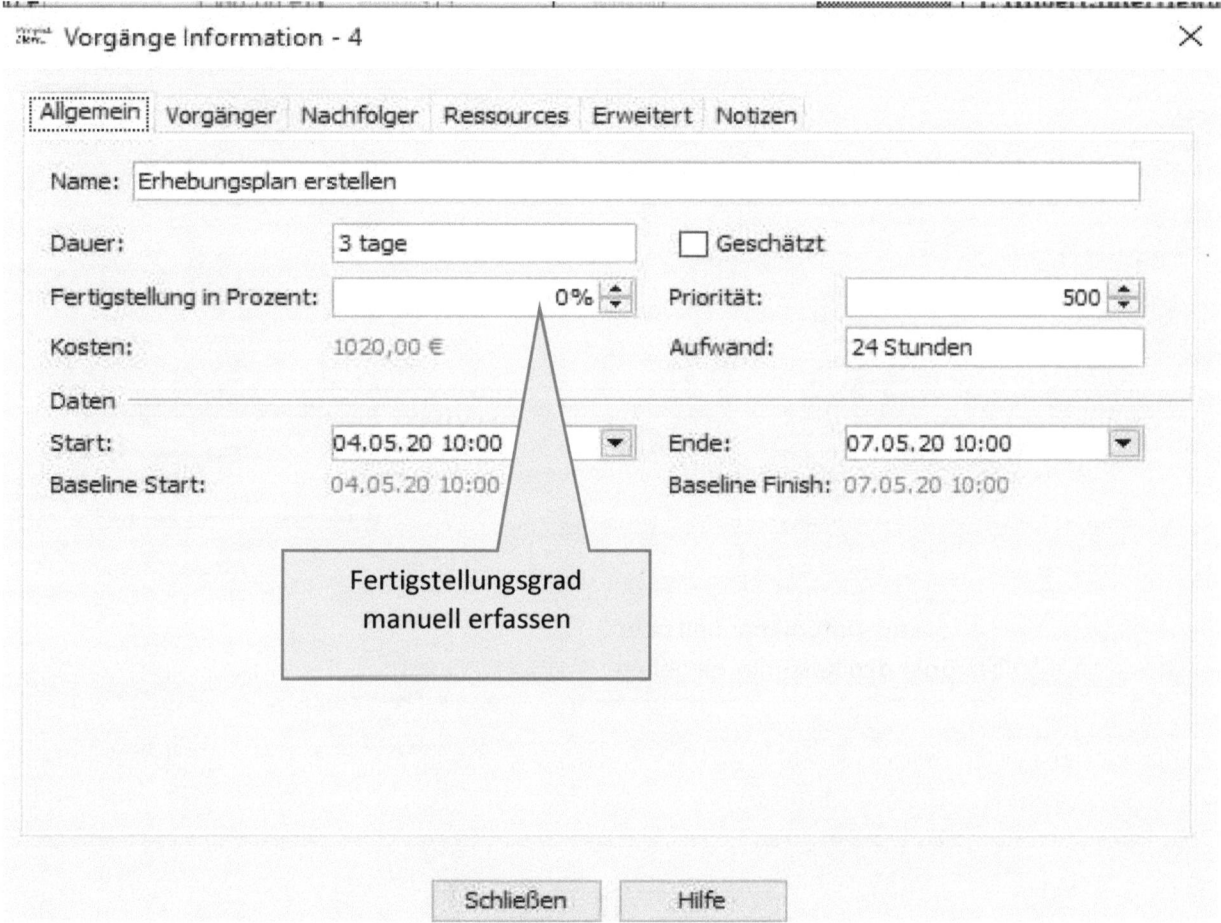

*Abbildung 84: Fertigstellungsgrad erfassen*

Sie können für jeden Vorgang den Fertigstellungsgrad manuell festlegen.

Dazu müssen die Informationen zu den einzelnen Arbeitspaketen von den Verantwortlichkeiten wahrheitsgemäß und zeitnah erfolgen.

In diesem Beispiel konnte der erste Meilenstein termingerecht erreicht werden.

**Variante 2:**

Um das sog. Statusdatum zu erfassen, rufen Sie im Menüband „Datei" in der Gruppe- Projekte-
den Befehl „Aktualisieren". Im Popup Fenster geben Sie das ausgewählte Datum ein.
Dann können Sie entscheiden wie die Fortschrittsmessung ausgeführt werden soll:

- für das gesamte Projekt oder nur für einzelne Vorgänge

- die Methode Fertigstellung in % mit Zwischenwerten

  oder

  nur 0% (angefangene Vorgänge werden als nicht erledigt gewertet und nur tatsächlich
  abgeschlossene Vorgänge mit 100% berechnet)

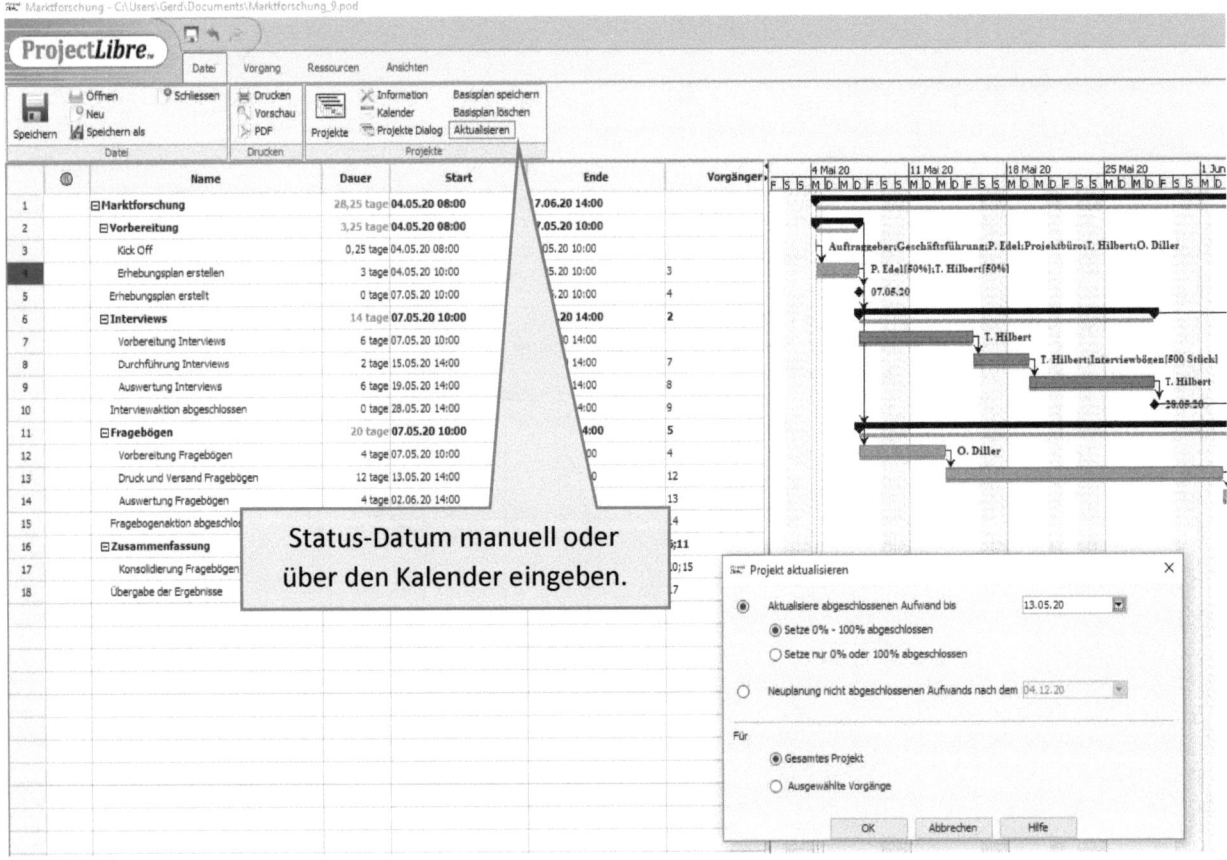

*Abbildung 85: Projekt aktualisieren*

Die Vorbereitung der Fragebögen konnten ebenfalls termingerecht erledigt werden.

## 7.2 Abweichungen erfassen

Die Dauer von Vorgang 7 „Vorbereitung Interviews" hat sich von 6 Tagen auf 8 Tage verlängert.

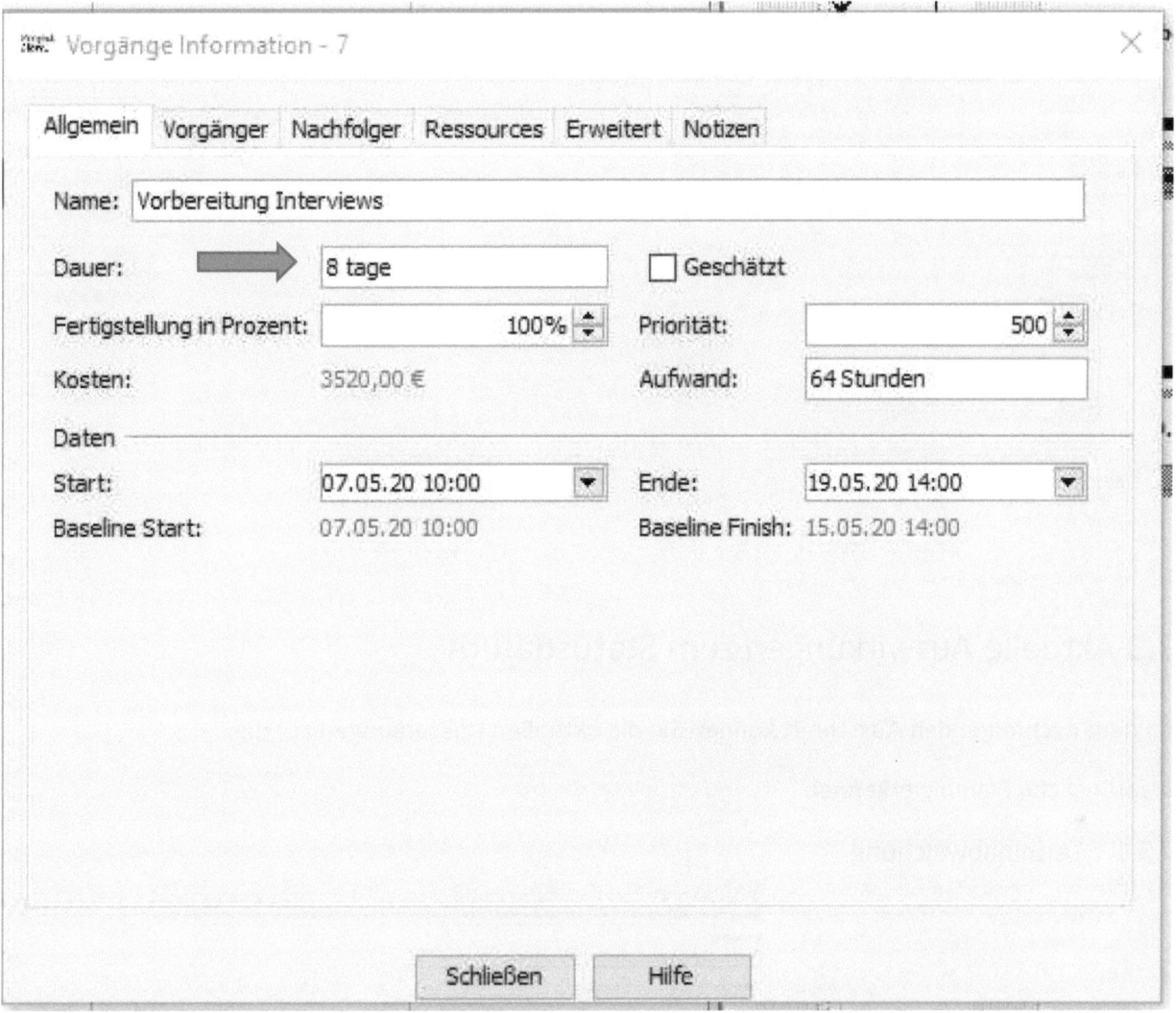

*Abbildung 86: Abweichungen erfassen*

### 7.2.2 Tabelle Kontrolle

Sie können für die Eingabe der aktuellen Ist-Werte die Tabelle Kontrolle
verwenden.

Rechtsklick auf den Schnittpunkt von Zeilen- und Spaltenköpfen oben links in der Tabelle.

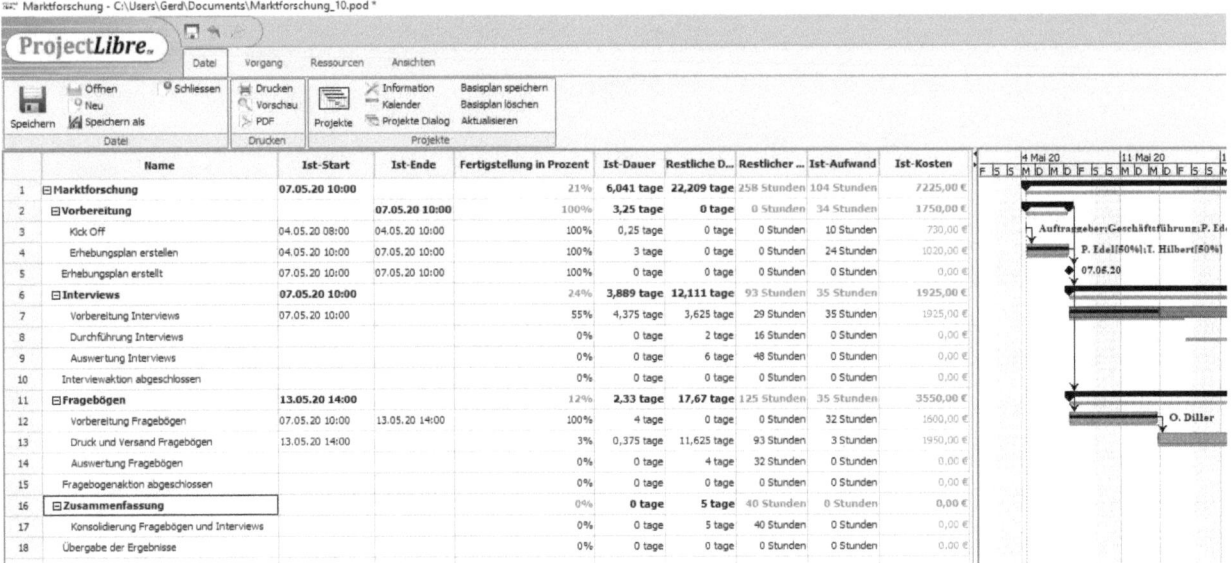

*Abbildung 87: Tabelle Kontrolle*

## 7.3 Aktuelle Auswirkungen zum Statusdatum

An dem nachfolgenden Ausschnitt können Sie die aktuellen Auswirkungen auf die

ursprüngliche Planung erkennen

### 7.3.1 Terminabweichung

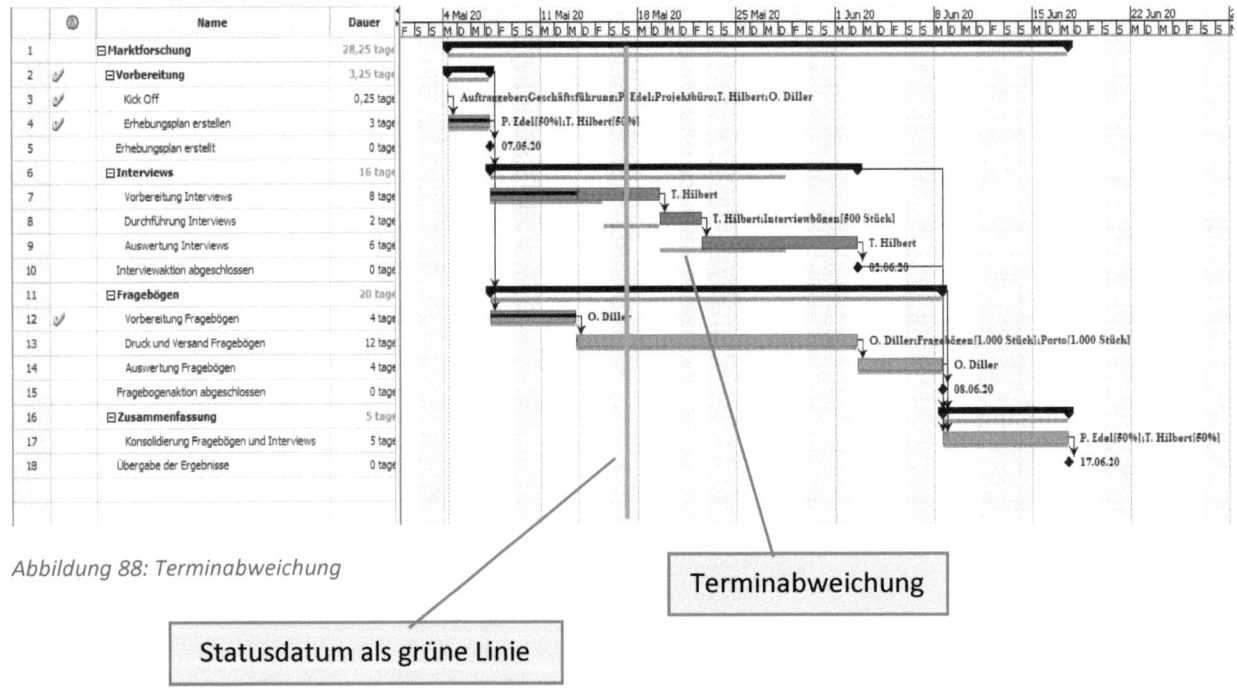

*Abbildung 88: Terminabweichung*

Wie Sie an der Abbildung feststellen, ist in diesem automatischen Abgleich der erreichte Meilenstein **„Erhebungsplan erstellt"** nicht mit berechnet worden.

Sie müssen die Meilensteine manuell (s.o.) auf den erreichten Fertigstellungswert setzen.

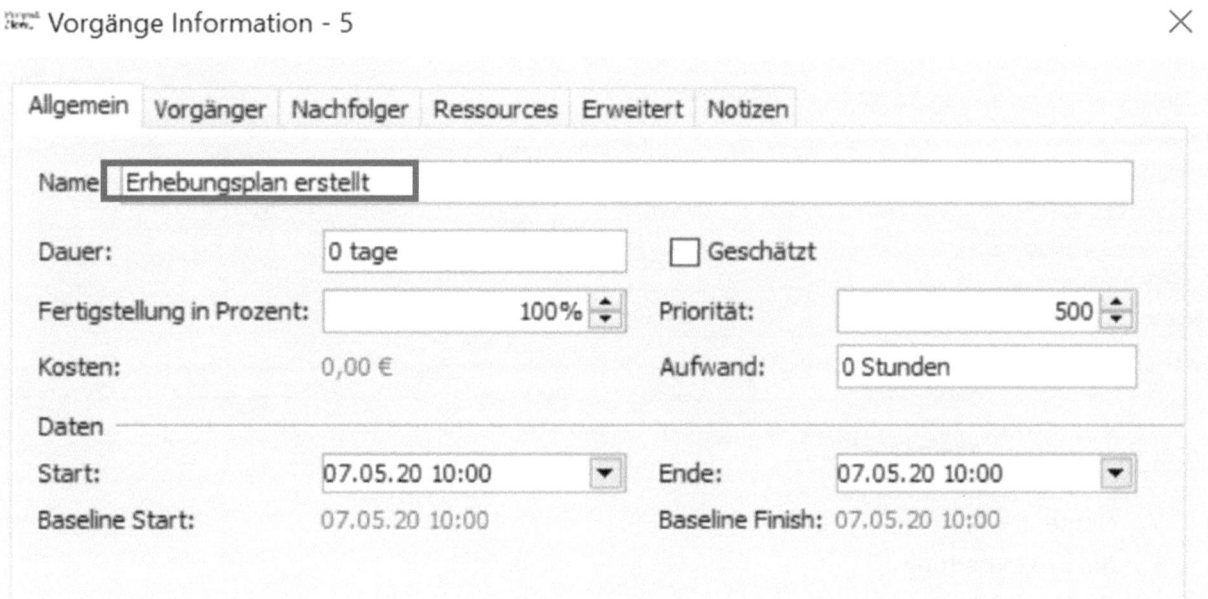

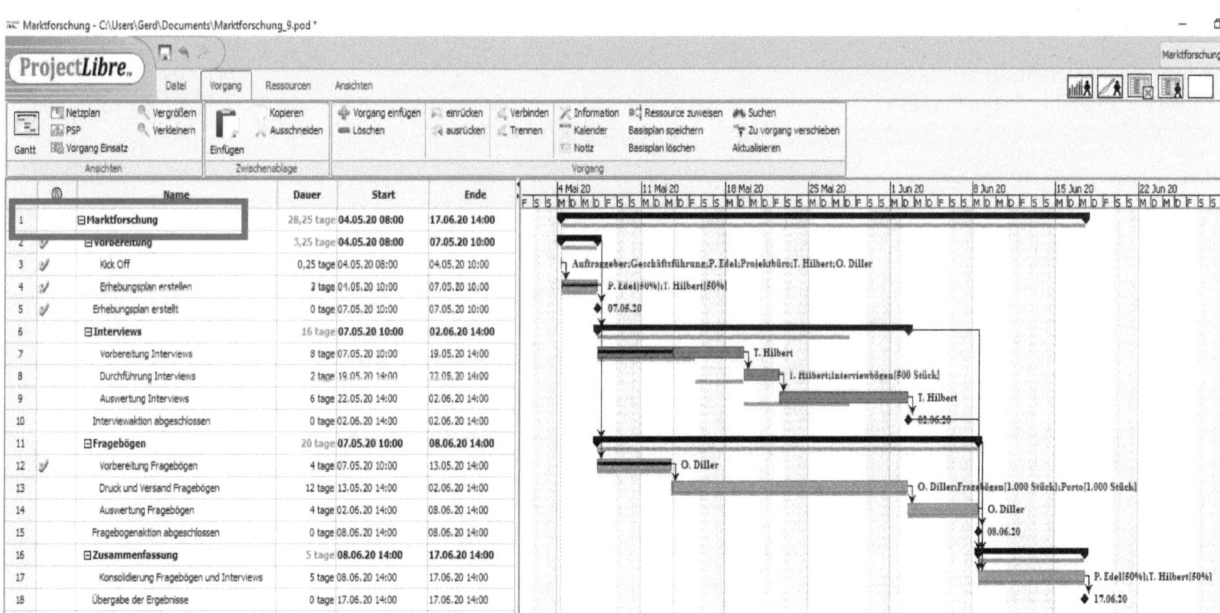

*Abbildung 89: Fertigstellungswert Meilenstein*

# 8 Auswertungen und Berichte

## 8.1 Projektinformationen

Im Menüband Datei Gruppe-Projekte- finden Sie die globalen „Informationen" zu dem aktuellen Projekt.

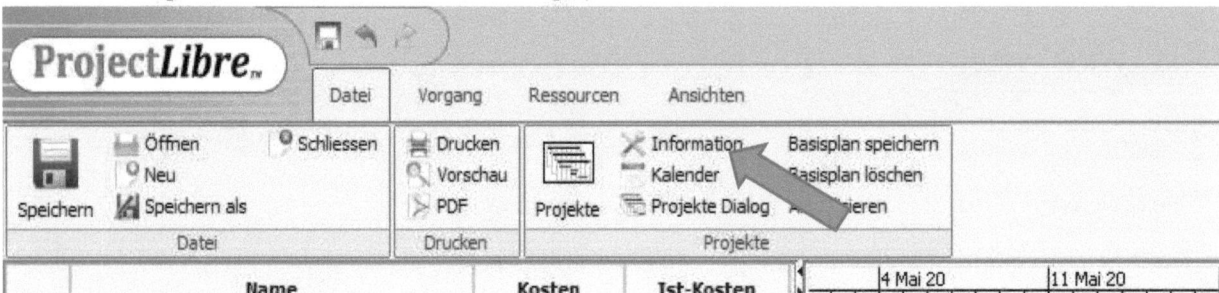

Unter dem Reiter „ Allgemein"

- Name des Projektes
- die Projektleitung
- das Startdatum
- den Projektkalender
- die Berechnungsart
- den Projektstatus
- den Projekttyp
- und andere

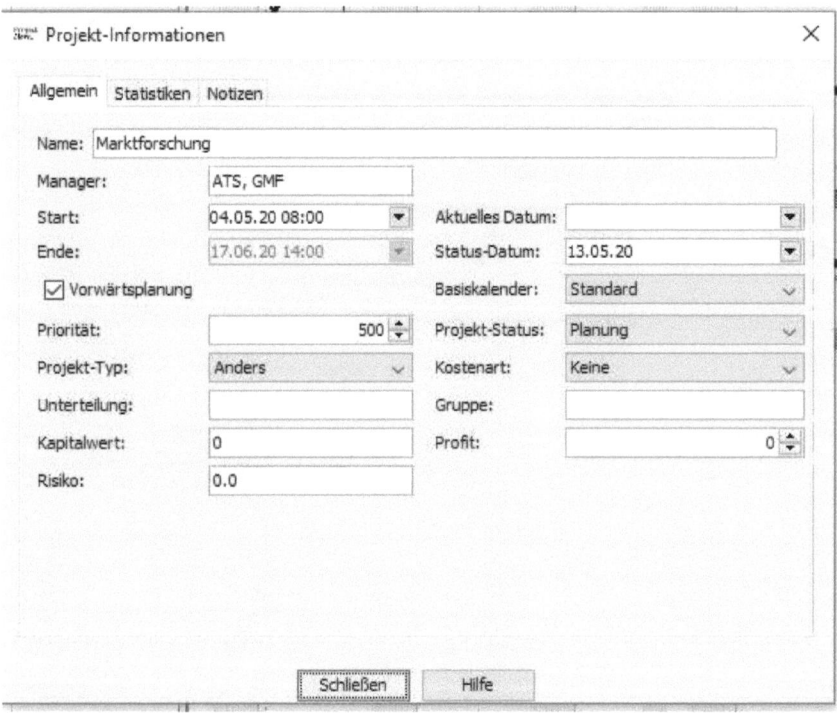

*Abbildung 90: Projektinformation zum Statusdatum*

### 8.1.2 Projektstatistik

Unter dem Reiter **„Statistik"** finden Sie Informationen zu

- Start/Ende des Projekts

- Informationen zum Basisplan( Kosten/Aufwand)

- Informationen zum Ist-Zustand

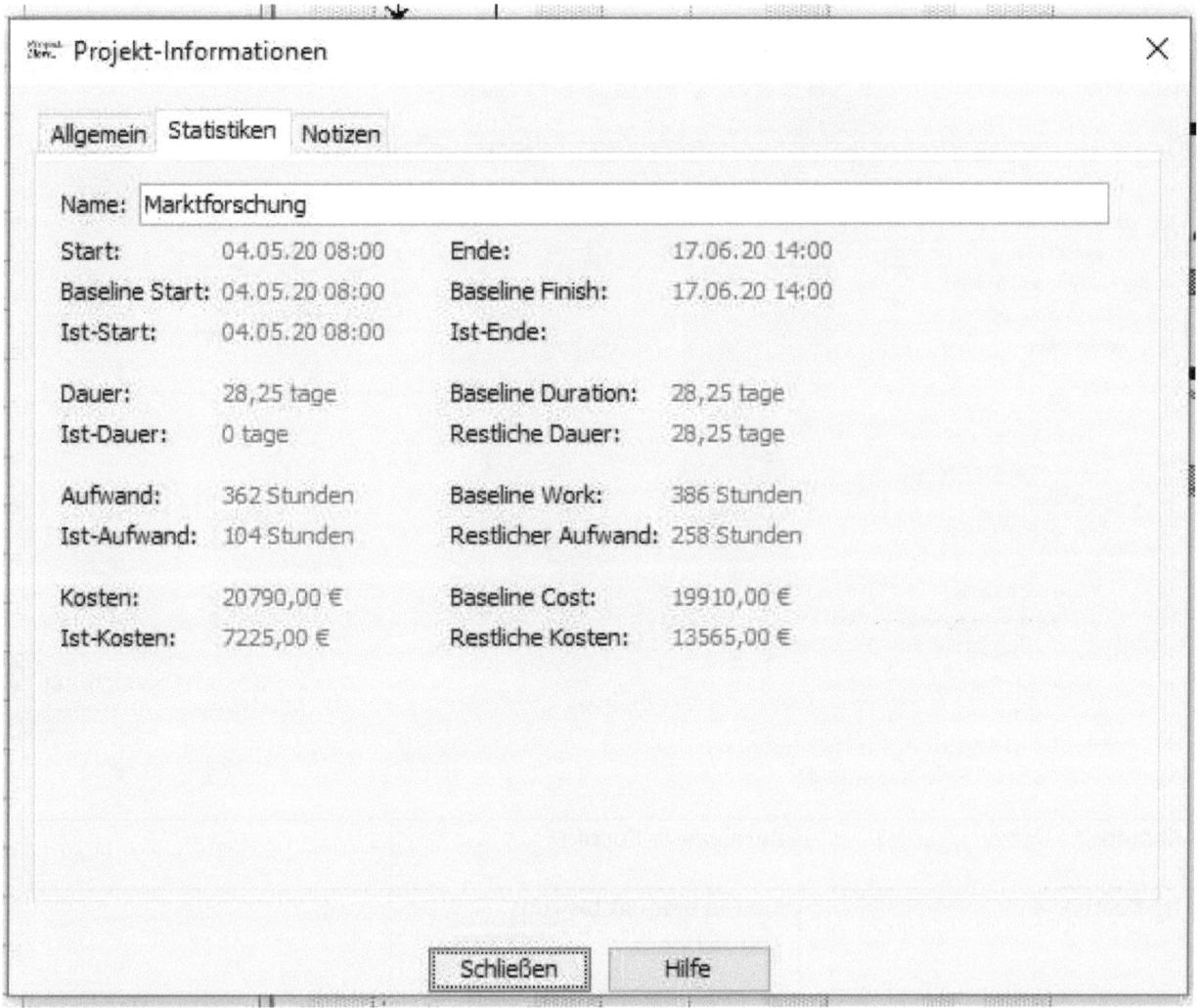

*Abbildung 91: Projektstatistik zum Statusdatum*

## 8.2 Tabellen Auswertung

### 8.2.1 Kostenabweichung

Die Kostenabweichung lässt sich ebenfalls darstellen. Hierzu müssen die Kolonnen CV (Cost Variance)/Kostenabweichung und CV% (Cost Variance Percentage) Kostenabweichung in Prozent eingefügt werden.

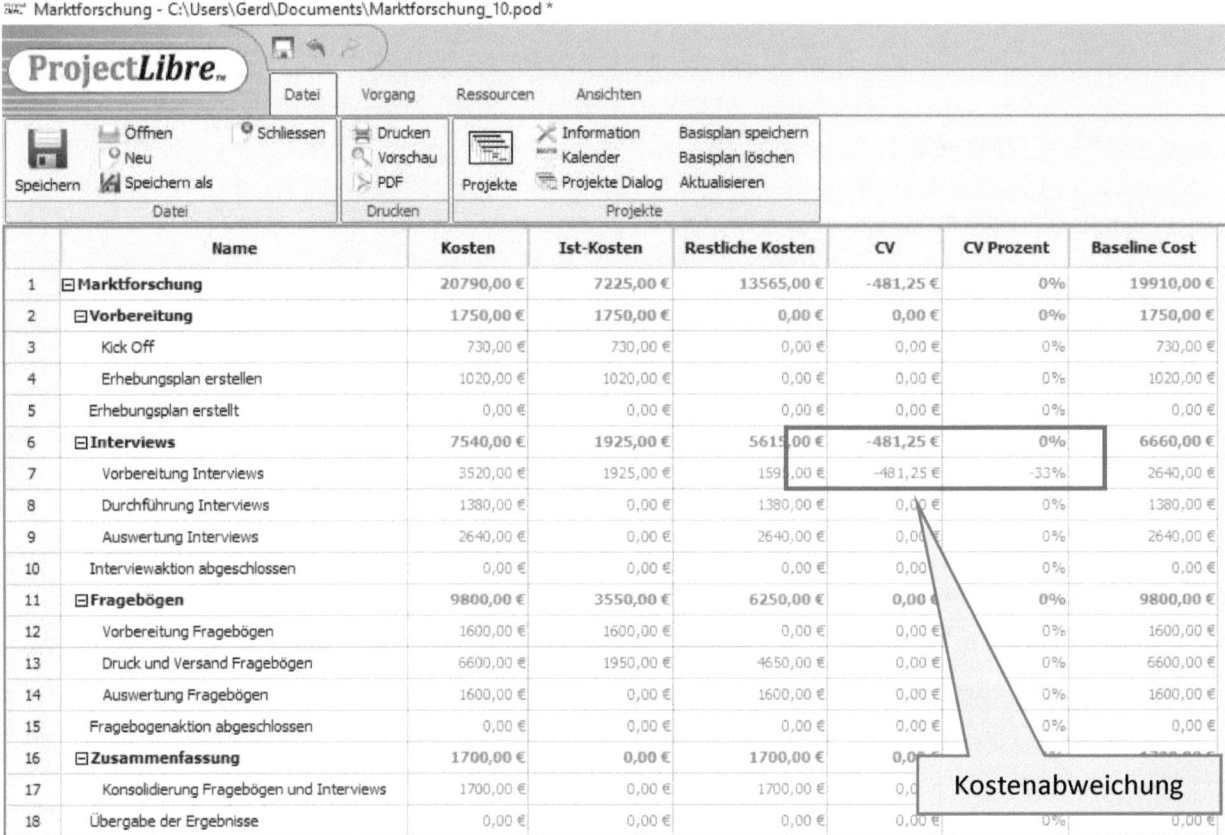

*Abbildung 92: Tabelle Kostenabweichung*

| Kosten | Berechnete Kosten | |
|---|---|---|
| Ist-Kosten | Kosten erzeugt bis zum Statusdatum | |
| Restliche Kosten | Geplante Kosten, die noch nicht erzeugt sind, da der Vorgang noch nicht abgeschlossen ist | |
| CV | Cost Variance Abweichende Kosten zur Planung | |
| CV % | Abweichende Kosten in Prozent | |
| Baseline Cost | Geplante Kosten laut Basisplan | |

## 8.2.2 Tabelle: Leistungswert Kostenindikatoren

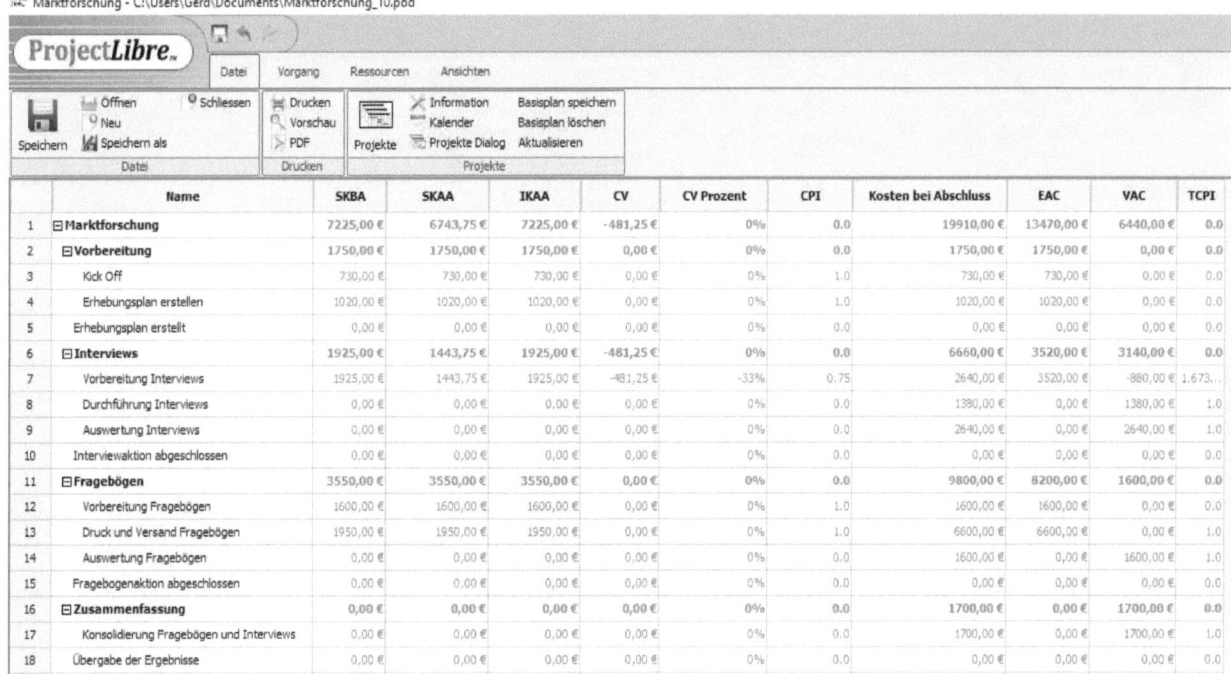

*Abbildung 93: Tabelle Leistungswert Kostenindikatoren*

| # | Name | SKBA | SKAA | IKAA | CV | CV Prozent | CPI | Kosten bei Abschluss | EAC | VAC | TCPI |
|---|------|------|------|------|-----|-----------|-----|---------------------|-----|-----|------|
| 1 | ⊟ Marktforschung | 7225,00 € | 6743,75 € | 7225,00 € | -481,25 € | 0% | 0.0 | 19910,00 € | 13470,00 € | 6440,00 € | 0.0 |
| 2 | ⊟ Vorbereitung | 1750,00 € | 1750,00 € | 1750,00 € | 0,00 € | 0% | 0.0 | 1750,00 € | 1750,00 € | 0,00 € | 0.0 |
| 3 | Kick Off | 730,00 € | 730,00 € | 730,00 € | 0,00 € | 0% | 1.0 | 730,00 € | 730,00 € | 0,00 € | 0.0 |
| 4 | Erhebungsplan erstellen | 1020,00 € | 1020,00 € | 1020,00 € | 0,00 € | 0% | 1.0 | 1020,00 € | 1020,00 € | 0,00 € | 0.0 |
| 5 | Erhebungsplan erstellt | 0,00 € | 0,00 € | 0,00 € | 0,00 € | 0% | 0.0 | 0,00 € | 0,00 € | 0,00 € | 0.0 |
| 6 | ⊟ Interviews | 1925,00 € | 1443,75 € | 1925,00 € | -481,25 € | 0% | 0.0 | 6660,00 € | 3520,00 € | 3140,00 € | 0.0 |
| 7 | Vorbereitung Interviews | 1925,00 € | 1443,75 € | 1925,00 € | -481,25 € | -33% | 0.75 | 2640,00 € | 3520,00 € | -880,00 € | 1.673... |
| 8 | Durchführung Interviews | 0,00 € | 0,00 € | 0,00 € | 0,00 € | 0% | 0.0 | 1380,00 € | 0,00 € | 1380,00 € | 1.0 |
| 9 | Auswertung Interviews | 0,00 € | 0,00 € | 0,00 € | 0,00 € | 0% | 0.0 | 2640,00 € | 0,00 € | 2640,00 € | 1.0 |
| 10 | Interviewaktion abgeschlossen | 0,00 € | 0,00 € | 0,00 € | 0,00 € | 0% | 0.0 | 0,00 € | 0,00 € | 0,00 € | 0.0 |
| 11 | ⊟ Fragebögen | 3550,00 € | 3550,00 € | 3550,00 € | 0,00 € | 0% | 0.0 | 9800,00 € | 8200,00 € | 1600,00 € | 0.0 |
| 12 | Vorbereitung Fragebögen | 1600,00 € | 1600,00 € | 1600,00 € | 0,00 € | 0% | 1.0 | 1600,00 € | 1600,00 € | 0,00 € | 0.0 |
| 13 | Druck und Versand Fragebögen | 1950,00 € | 1950,00 € | 1950,00 € | 0,00 € | 0% | 1.0 | 6600,00 € | 6600,00 € | 0,00 € | 1.0 |
| 14 | Auswertung Fragebögen | 0,00 € | 0,00 € | 0,00 € | 0,00 € | 0% | 0.0 | 1600,00 € | 0,00 € | 1600,00 € | 1.0 |
| 15 | Fragebogenaktion abgeschlossen | 0,00 € | 0,00 € | 0,00 € | 0,00 € | 0% | 0.0 | 0,00 € | 0,00 € | 0,00 € | 0.0 |
| 16 | ⊟ Zusammenfassung | 0,00 € | 0,00 € | 0,00 € | 0,00 € | 0% | 0.0 | 1700,00 € | 0,00 € | 1700,00 € | 0.0 |
| 17 | Konsolidierung Fragebögen und Interviews | 0,00 € | 0,00 € | 0,00 € | 0,00 € | 0% | 0.0 | 1700,00 € | 0,00 € | 1700,00 € | 1.0 |
| 18 | Übergabe der Ergebnisse | 0,00 € | 0,00 € | 0,00 € | 0,00 € | 0% | 0.0 | 0,00 € | 0,00 € | 0,00 € | 0.0 |

| SKBA (PV) | Soll-Kosten berechneter Arbeit | Planwert der Kosten |
|-----------|-------------------------------|---------------------|
| SKAA (EV) | Soll-Kosten abgeschlossener Arbeit | Ertragswert |
| IKAA | Ist-Kosten bereits abgeschlossener Arbeit | |
| CV | Cost Variance | CV=EV-AC oder hier<br>CV=SKAA-IKAA |
| CPI | Cost Performance Index<br>Kosten-Entwicklungs Index | CPI=EV/AC oder hier<br>CPI= SBAA/IKAA |
| BAC | Kosten bei Abschluss | |
| EAC | Estimate at Completion<br>**Geschätzte**r Gesamtaufwand | EAC= AC+ETC |
| VAC | Variance at Completion | VAC=SKBA-EAC |
| TCPI | Trend Cost Performance Index | Trendberechnung der Kostenentwicklung |

## 8.2.3 Tabelle: Leistungswert Planungsindikatoren

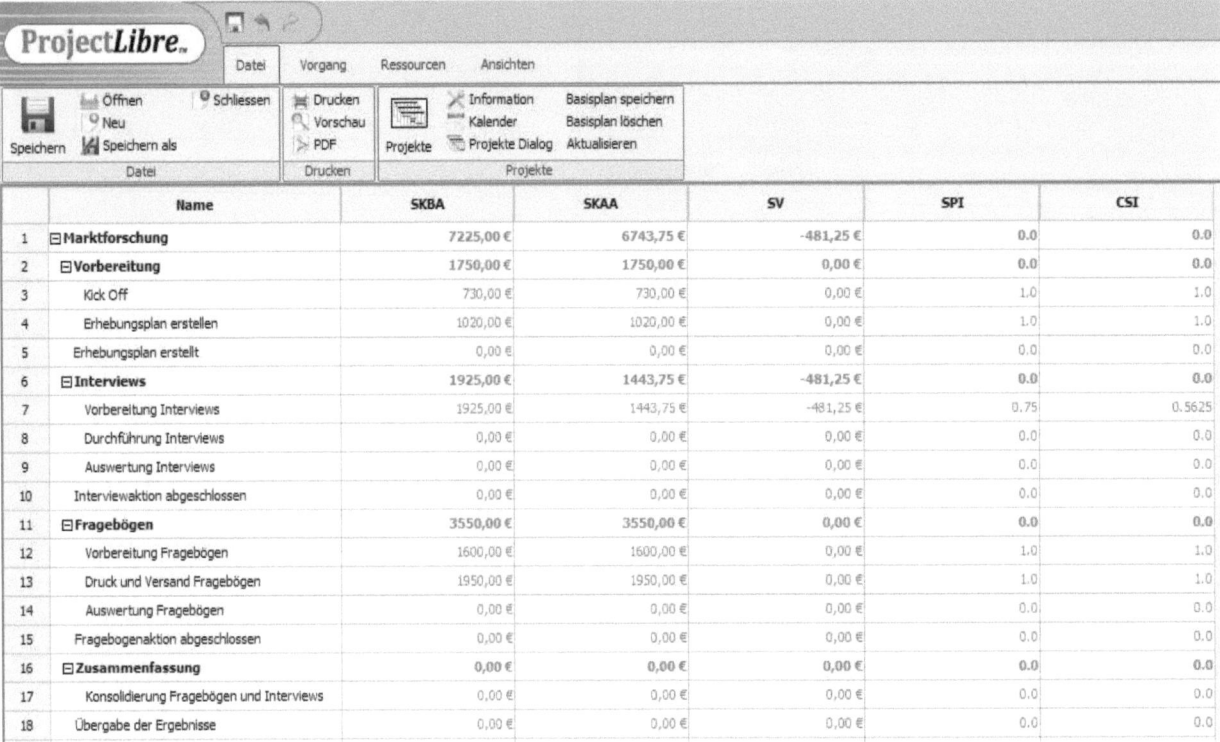

| | Name | SKBA | SKAA | SV | SPI | CSI |
|---|---|---|---|---|---|---|
| 1 | ⊟ Marktforschung | 7225,00 € | 6743,75 € | -481,25 € | 0.0 | 0.0 |
| 2 | ⊟ Vorbereitung | 1750,00 € | 1750,00 € | 0,00 € | 0.0 | 0.0 |
| 3 | Kick Off | 730,00 € | 730,00 € | 0,00 € | 1.0 | 1.0 |
| 4 | Erhebungsplan erstellen | 1020,00 € | 1020,00 € | 0,00 € | 1.0 | 1.0 |
| 5 | Erhebungsplan erstellt | 0,00 € | 0,00 € | 0,00 € | 0.0 | 0.0 |
| 6 | ⊟ Interviews | 1925,00 € | 1443,75 € | -481,25 € | 0.0 | 0.0 |
| 7 | Vorbereitung Interviews | 1925,00 € | 1443,75 € | -481,25 € | 0.75 | 0.5625 |
| 8 | Durchführung Interviews | 0,00 € | 0,00 € | 0,00 € | 0.0 | 0.0 |
| 9 | Auswertung Interviews | 0,00 € | 0,00 € | 0,00 € | 0.0 | 0.0 |
| 10 | Interviewaktion abgeschlossen | 0,00 € | 0,00 € | 0,00 € | 0.0 | 0.0 |
| 11 | ⊟ Fragebögen | 3550,00 € | 3550,00 € | 0,00 € | 0.0 | 0.0 |
| 12 | Vorbereitung Fragebögen | 1600,00 € | 1600,00 € | 0,00 € | 1.0 | 1.0 |
| 13 | Druck und Versand Fragebögen | 1950,00 € | 1950,00 € | 0,00 € | 1.0 | 1.0 |
| 14 | Auswertung Fragebögen | 0,00 € | 0,00 € | 0,00 € | 0.0 | 0.0 |
| 15 | Fragebogenaktion abgeschlossen | 0,00 € | 0,00 € | 0,00 € | 0.0 | 0.0 |
| 16 | ⊟ Zusammenfassung | 0,00 € | 0,00 € | 0,00 € | 0.0 | 0.0 |
| 17 | Konsolidierung Fragebögen und Interviews | 0,00 € | 0,00 € | 0,00 € | 0.0 | 0.0 |
| 18 | Übergabe der Ergebnisse | 0,00 € | 0,00 € | 0,00 € | 0.0 | 0.0 |

*Abbildung 94: Tabelle Leistungswert Planungsindikatoren*

| SKBA | Soll-Kosten berechneter Arbeit | Planwert der Kosten |
|---|---|---|
| SKAA | Soll-Kosten abgeschlossener Arbeit Ertragswert | Ertragswert (Earned Value) |
| SV | Scheduled Variance | Terminabweichung |
| SPI | Scheduled Performance Index | Terminendwicklungsindex |
| CSI | Cost Scheduled Index | SPI x CPI |

# 8.3 Drucktabellen und Berichte

## 8.3.1  Berichte

ProjectLibre stellt verschiedene vorkonfektionierte Berichte zur Verfügung .

Im Menüband Ansichten

Gruppe- weitere Ansichten- Befehl „Berichte"

- Bericht „Project Details"
- Bericht „Ressource Information" mit weiteren Detailberichten
- Bericht „Task Information" mit weiteren Detailberichten
- Bericht „ Who does what" mit weiteren Detailberichten

Die Berichte geben Informationen auch wenn Sie nicht sonderlich attraktiv in der Darstellung sind und auch derzeit in dieser Version des Programms noch keine Grafiken generiert werden können.

***Die Kostendarstellungen erfolgen leider fast immer in $ und nicht in €.***

Beispiele:

8.3.1.1 Project Details:

Dieser Bericht zeigt Ihnen allgemeine Soll-Ist Informationen über

**Marktforschung**

- Start/Ende

| Dates | | | |
|---|---|---|---|
| Start | 04.05.20 08:00 | Finish | 17.06.20 14:00 |
| Baseline Start | 04.05.20 08:00 | Baseline Finish | 17.06.20 14:00 |
| Actual Start | 04.05.20 08:00 | Actual Finish | |

- Dauer (Duration)
- Fertigstellungswert

| Duration | | | |
|---|---|---|---|
| Scheduled | 28,25 tage | Remaining | 28,25 tage |
| Baseline | 28,25 tage | Actual | 0 tage |
| | | Percent Complete | 24 % |

- Aufwand

| Work | | | |
|---|---|---|---|
| Scheduled | 362 Stunden | Remaining | 258 Stunden |
| Baseline | 386 Stunden | Actual | 104 Stunden |

- Kosten

| Costs | | | |
|---|---|---|---|
| Scheduled | 20790,00 € | Remaining | 13565,00 € |
| Baseline | 19910,00 € | Actual | 7225,00 € |
| | | Variance | -481,25 € |

*Abbildung 95: Bericht Projektstatus*

### 8.3.1.2 Ressource Information

Diese Berichtsgruppe zeigt verschiedenste Informationen zum Einsatz der gewählten Ressourcen.

## Resource Information

| ID | Name | RBS | Art | E-mail Adresse | Materialkennzeichnung |
|---|---|---|---|---|---|
| 1 | Marktforschung | | Aufwand | | |
| 2 | Lenkungsebene | | Aufwand | | |
| 3 | Auftraggeber | Lenkungsebene | Aufwand | | |
| 4 | Geschäftsführung | Lenkungsebene | Aufwand | | |
| 5 | operative Projektleitung | | Aufwand | | |
| 6 | P. Edel | Projektleitung | Aufwand | | |
| 7 | Projektbüro | | Material | | Stück |
| 8 | Interviews | Teilprojekt | Aufwand | | |
| 9 | T. Hilbert | Projektassistenz | Aufwand | | |
| 10 | Material | | Aufwand | | |
| 11 | Interviewbögen | | Material | | Stück |
| 12 | Fragebögen | Teilprojekt | Aufwand | | |
| 13 | O. Diller | Mitarbeiter | Aufwand | | |
| 14 | Material | | Aufwand | | |
| 15 | Fragebögen | | Material | | Stück |
| 16 | Porto | | Material | | Stück |

*Abbildung 96: Bericht Ressourceninformationen*

## Resource Information

| ID | Name | SKBA | SKAA | CV | CV Prozent | CPI | Kosten b |
|---|---|---|---|---|---|---|---|
| 1 | Marktforschung | $ 7.225,00 | $ 6.743,75 | -$ 481,25 | 0% | 0 | $ 19.910, |
| 2 | Lenkungsebene | $ 7.225,00 | $ 6.743,75 | -$ 481,25 | 0% | 0 | $ 19.910, |
| 3 | Auftraggeber | $ 0,00 | $ 0,00 | $ 0,00 | 0% | 0 | $ 0, |
| 4 | Geschäftsführung | $ 7.225,00 | $ 6.743,75 | -$ 481,25 | 0% | 1 | $ 19.910, |
| 5 | operative Projektleitung | $ 7.065,00 | $ 6.583,75 | -$ 481,25 | 0% | 0 | $ 19.750, |
| 6 | P. Edel | $ 7.065,00 | $ 6.583,75 | -$ 481,25 | 0% | 1 | $ 19.750, |
| 7 | Projektbüro | $ 300,00 | $ 300,00 | $ 0,00 | 0% | 1 | $ 300, |
| 8 | Interviews | $ 2.695,00 | $ 2.213,75 | -$ 481,25 | 0% | 0 | $ 8.530, |
| 9 | T. Hilbert | $ 2.695,00 | $ 2.213,75 | -$ 481,25 | -22% | 0,821 | $ 8.030, |
| 10 | Material | $ 0,00 | $ 0,00 | $ 0,00 | 0% | 0 | $ 500, |
| 11 | Interviewbögen | $ 0,00 | $ 0,00 | $ 0,00 | 0% | 0 | $ 500, |
| 12 | Fragebögen | $ 3.650,00 | $ 3.650,00 | $ 0,00 | 0% | 0 | $ 9.900, |
| 13 | O. Diller | $ 1.850,00 | $ 1.850,00 | $ 0,00 | 0% | 1 | $ 8.100, |
| 14 | Material | $ 1.800,00 | $ 1.800,00 | $ 0,00 | 0% | 0 | $ 1.800, |
| 15 | Fragebögen | $ 1.000,00 | $ 1.000,00 | $ 0,00 | 0% | 1 | $ 1.000, |
| 16 | Porto | $ 800,00 | $ 800,00 | $ 0,00 | 0% | 1 | $ 800, |

*Abbildung 97: Tabelle Leistungswert Kostenindikatoren*

### 8.3.1.3 Bericht: Task Information

Dieser Berichtsgruppe stellt Ihnen Informationen zu einzelnen Vorgängen zur Verfügung.

## Task Information

| ID | Name | Dauer | Start | Ende | Vorgänger | Ressourcen |
|---|---|---|---|---|---|---|
| 1 | Marktforschung | 28,25 tage | 04.05.20 08:00 | 17.06.20 14:00 | | |
| 2 | Vorbereitung | 3,25 tage | 04.05.20 08:00 | 07.05.20 10:00 | | |
| 3 | Kick Off | 0,25 tage | 04.05.20 08:00 | 04.05.20 10:00 | | Auftraggeber;Geschäftsführung; |
| 4 | Erhebungsplan erstellen | 3 tage | 04.05.20 10:00 | 07.05.20 10:00 | 3 | P. Edel[50%];T. Hilbert[50%] |
| 5 | Erhebungsplan erstellt | 0 tage | 07.05.20 10:00 | 07.05.20 10:00 | 4 | |
| 6 | Interviews | 16 tage | 07.05.20 10:00 | 02.06.20 14:00 | 2 | |
| 7 | Vorbereitung Interviews | 8 tage | 07.05.20 10:00 | 19.05.20 14:00 | | T. Hilbert |
| 8 | Durchführung Interviews | 2 tage | 19.05.20 14:00 | 22.05.20 14:00 | 7 | T. Hilbert;Interviewbögen[500 |
| 9 | Auswertung Interviews | 6 tage | 22.05.20 14:00 | 02.06.20 14:00 | 8 | T. Hilbert |
| 10 | Interviewaktion abgeschlossen | 0 tage | 02.06.20 14:00 | 02.06.20 14:00 | 9 | |
| 11 | Fragebögen | 20 tage | 07.05.20 10:00 | 08.06.20 14:00 | 5 | |
| 12 | Vorbereitung Fragebögen | 4 tage | 07.05.20 10:00 | 13.05.20 14:00 | 4 | O. Diller |
| 13 | Druck und Versand Fragebögen | 12 tage | 13.05.20 14:00 | 02.06.20 14:00 | 12 | O. Diller;Fragebögen[1.000 |
| 14 | Auswertung Fragebögen | 4 tage | 02.06.20 14:00 | 08.06.20 14:00 | 13 | O. Diller |
| 15 | Fragebogenaktion | 0 tage | 08.06.20 14:00 | 08.06.20 14:00 | 14 | |
| 16 | Zusammenfassung | 5 tage | 08.06.20 14:00 | 17.06.20 14:00 | 6;11 | |
| 17 | Konsolidierung Fragebögen und | 5 tage | 08.06.20 14:00 | 17.06.20 14:00 | 10;15 | P. Edel[50%];T. Hilbert[50%] |
| 18 | Übergabe der Ergebnisse | 0 tage | 17.06.20 14:00 | 17.06.20 14:00 | 17 | |

*Abbildung 98: Bericht Vorgangsinformationen*

### 8.3.1.4 Bericht: Who does what

Diese Berichtsgruppe zeigt Ihnen Informationen zu eingeteilten Ressourcen in Verbindung mit Vorgängen.

Sie können z.B. ersehen welchen Vorgängen einzelne Ressourcen zugeteilt sind, wie hoch der Aufwand ist(einzeln und kumuliert) und mit wieviel Prozent sie im Vorgang engagiert sein soll.

## Who Does What

| Ressource-ID | Ressource | | | | | |
|---|---|---|---|---|---|---|
| 3 | Auftraggeber | | | | | |
| **Vorgangs-ID** | **Vorgang** | **Aufwand** | **Zuordnungseinheit** | **Zuordnungs** | **Start** | **Ende** |
| 3 | Kick Off | 2 Stunden | 100% | 0 tage | 04.05.20 08:00 | 04.05.20 10:00 |
| | | 2 Stunden | | | | |
| 4 | Geschäftsführung | | | | | |
| **Vorgangs-ID** | **Vorgang** | **Aufwand** | **Zuordnungseinheit** | **Zuordnungs** | **Start** | **Ende** |
| 3 | Kick Off | 2 Stunden | 100% | 0 tage | 04.05.20 08:00 | 04.05.20 10:00 |
| | | 2 Stunden | | | | |
| 6 | P. Edel | | | | | |
| **Vorgangs-ID** | **Vorgang** | **Aufwand** | **Zuordnungseinheit** | **Zuordnungs** | **Start** | **Ende** |
| 17 | Konsolidierung Fragebögen und | 20 Stunden | 50% | 0 tage | 08.06.20 14:00 | 17.06.20 14:00 |
| 4 | Erhebungsplan erstellen | 12 Stunden | 50% | 0 tage | 04.05.20 10:00 | 07.05.20 10:00 |
| 3 | Kick Off | 2 Stunden | 100% | 0 tage | 04.05.20 08:00 | 04.05.20 10:00 |
| | | 34 Stunden | | | | |
| 7 | Projektbüro | | | | | |
| **Vorgangs-ID** | **Vorgang** | **Aufwand** | **Zuordnungseinheit** | **Zuordnungs** | **Start** | **Ende** |
| 3 | Kick Off | 1 | 100% | 0 tage | 04.05.20 08:00 | 04.05.20 10:00 |
| | | 0 Stunden | | | | |
| 9 | T. Hilbert | | | | | |
| **Vorgangs-ID** | **Vorgang** | **Aufwand** | **Zuordnungseinheit** | **Zuordnungs** | **Start** | **Ende** |

Page 1

*Abbildung 99: Bericht Wer macht Was*

Tabelle „zugeordnete Ressourcen"

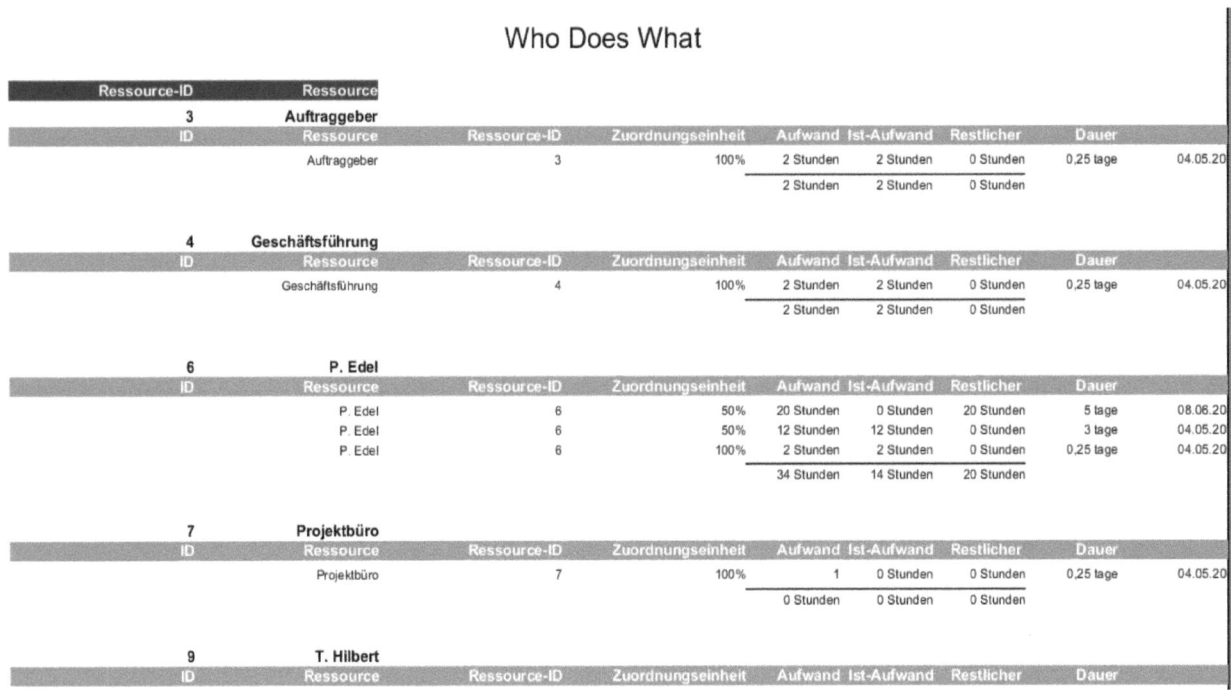

Abbildung 100: Bericht zugeordnete Ressourcen

## Weitere Auswertungen

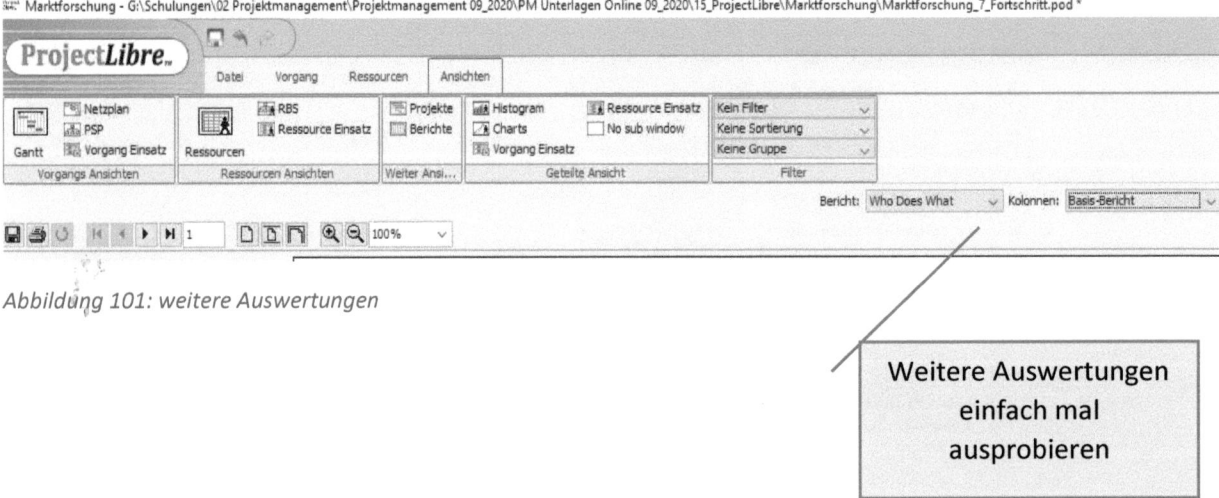

Abbildung 101: weitere Auswertungen

Weitere Auswertungen
einfach mal
ausprobieren

## Geteilte Ansichten Tabelle Kosten/Aufwand

Auch in dem Menüband Ansichten haben Sie die Option über die Gruppe-geteilte Ansichten- auf diese zuzugreifen.

Wenn Sie sich in den geteilten Ansichten befinden, werden Ihnen in der unteren Maske Details angezeigt, die Sie auch hier bearbeiten können.

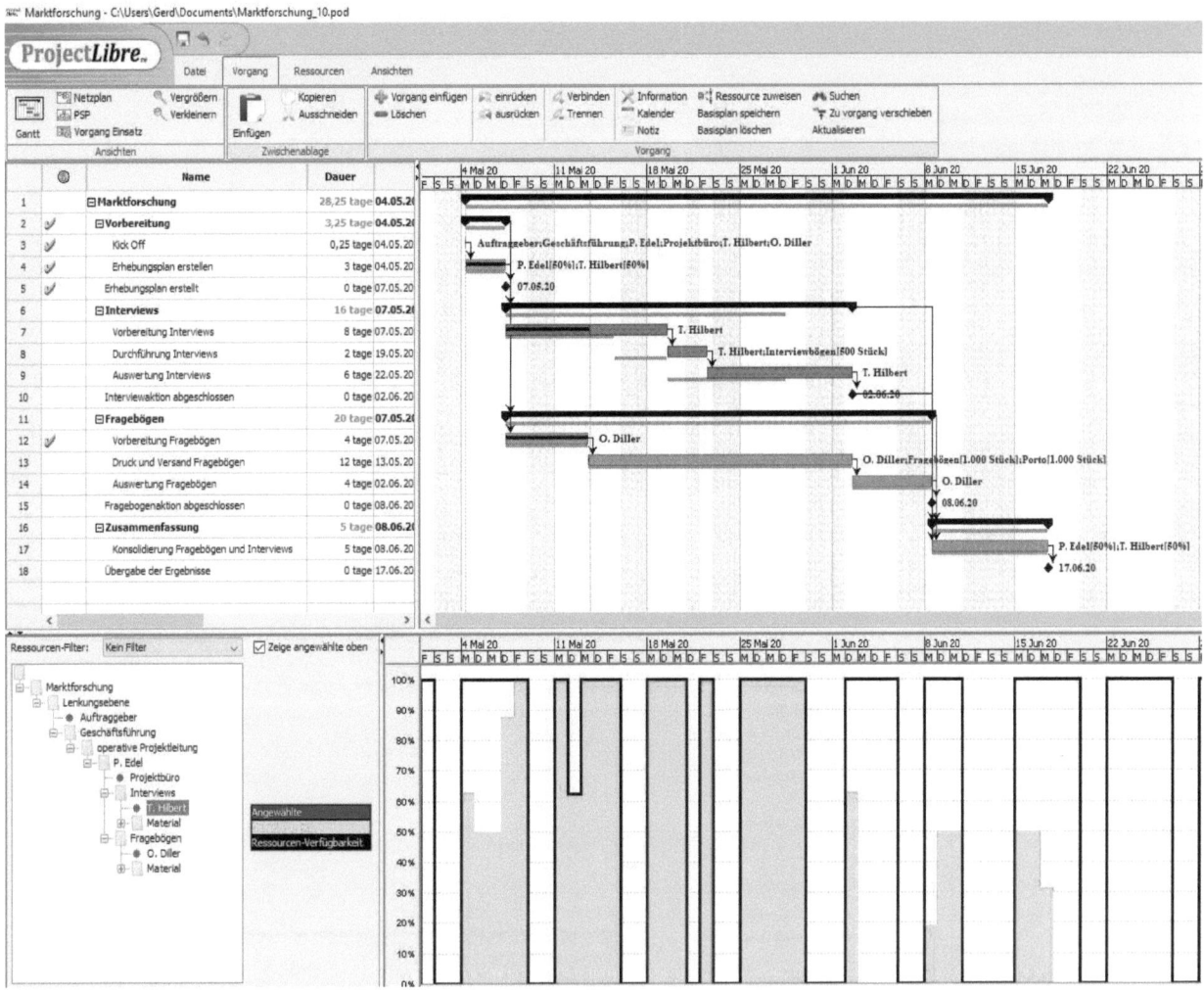

*Abbildung 102: geteilte Ansichten I*

Auch in diesen Masken können Sie die Ansichten wechseln.

Dazu können Sie

    a)   In der rechten Tabellenansicht

    b)   In der linken Tabellenansicht

jeweils verschiedene Berichte auswählen.

Wir wählen die Berichtsgruppe „Ressource Einsatz"

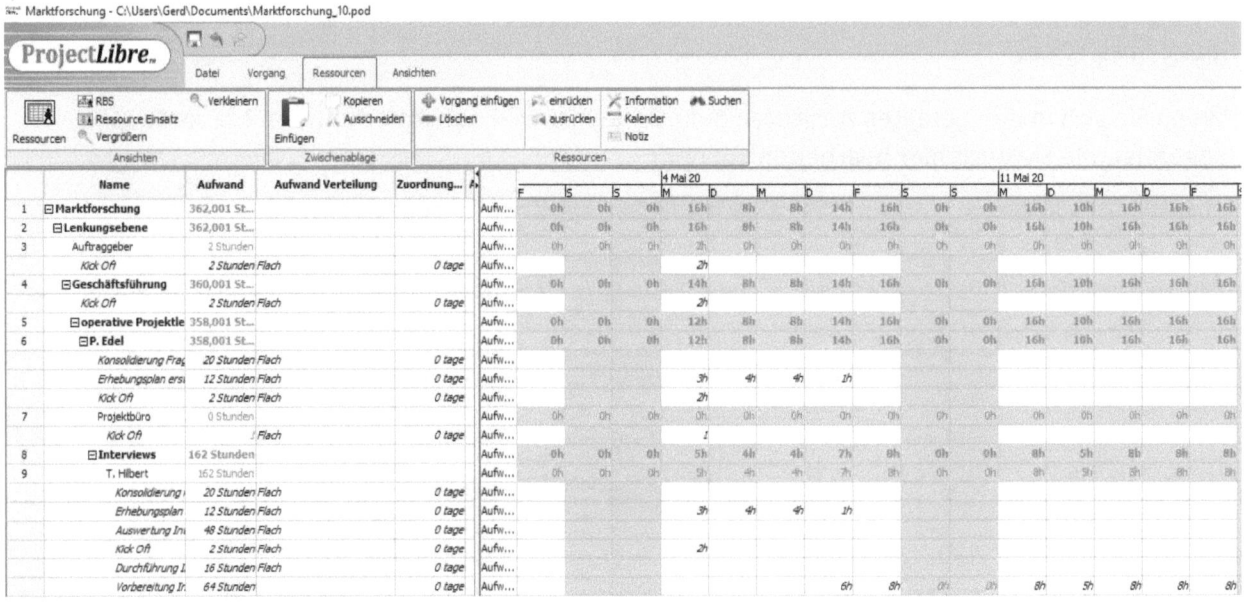

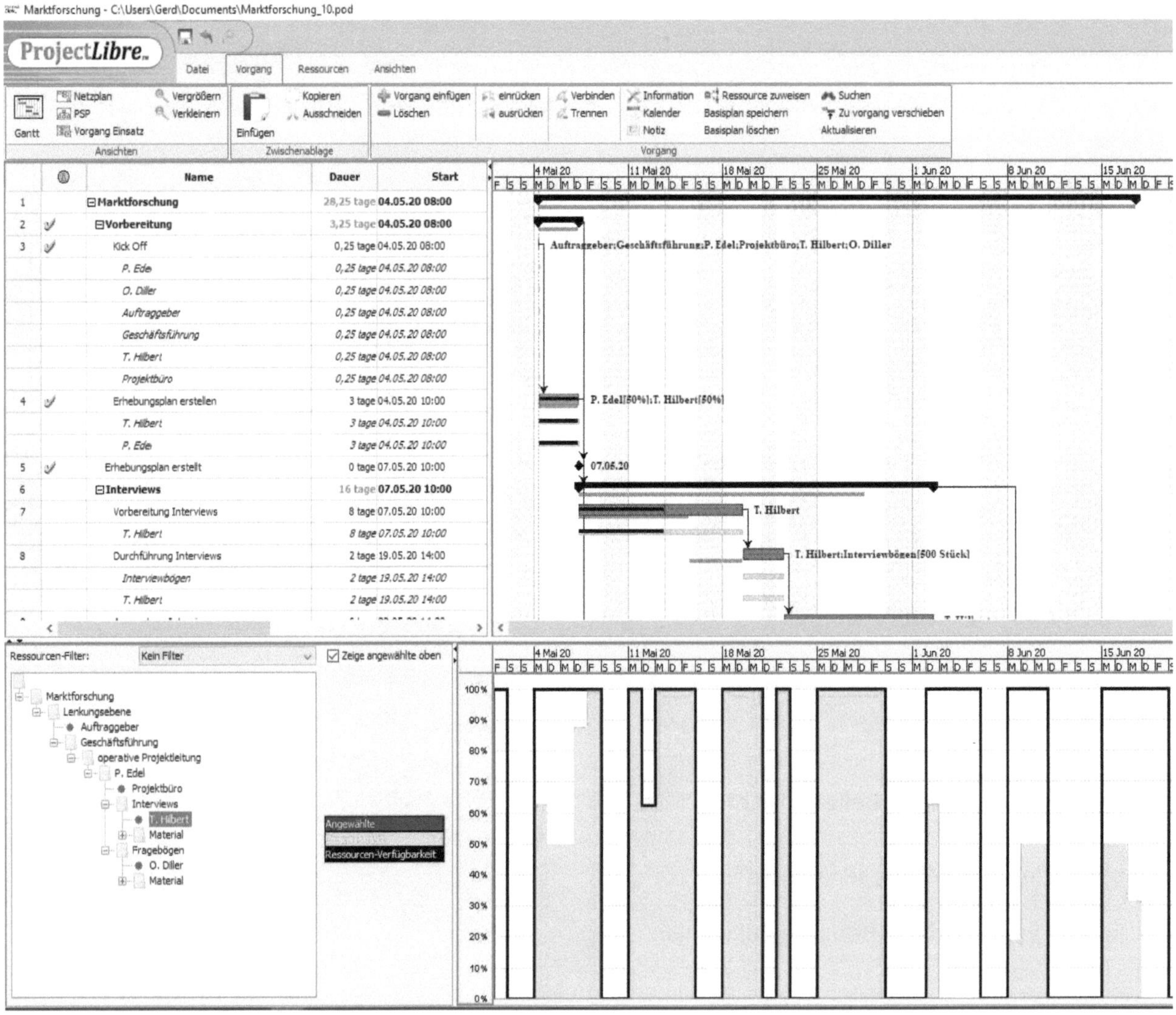

Abbildung 103: geteilte Ansicht II

Geteilte Ansichten: Auswahl in der rechten Tabellenansicht z.B. Kosten (Pop up)

In der Berichtsgruppe Ressourcenhistogramm wird Ihnen angezeigt an welchen Tagen Ressourcen wie ausgelastet (eingeteilt) sind. An dieser Stelle können auch Überlastungen erkannt werden.

Über die Filteroption haben Sie auch hier verschiedene Auswahlmöglichkeiten der Detailansichten.

Geteilte Ansicht Ressourcen in %

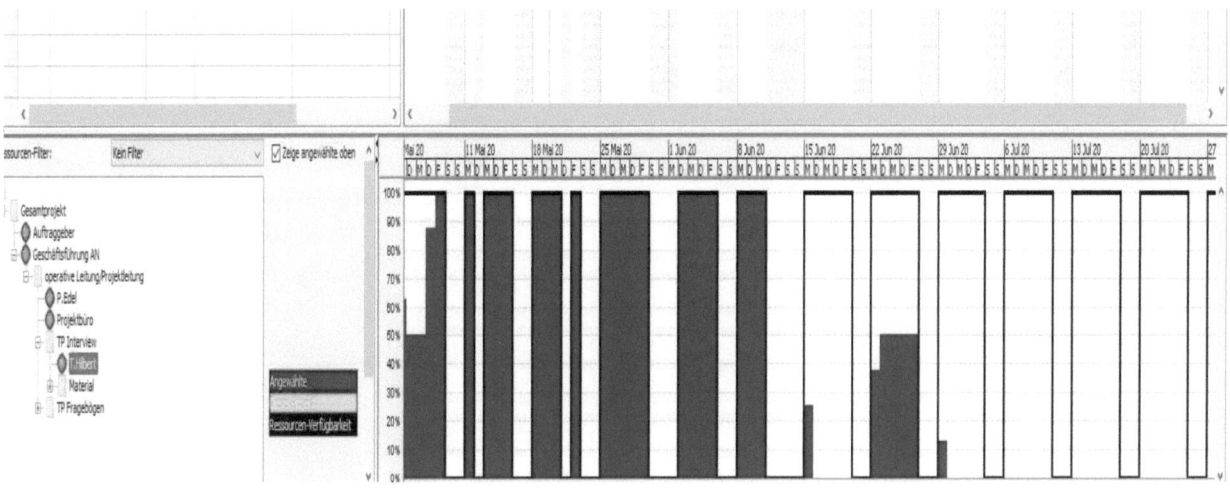

*Abbildung 104: geteilte Ansicht Ressourcen in %*

Geteilte Ansicht Ressourcenkosten

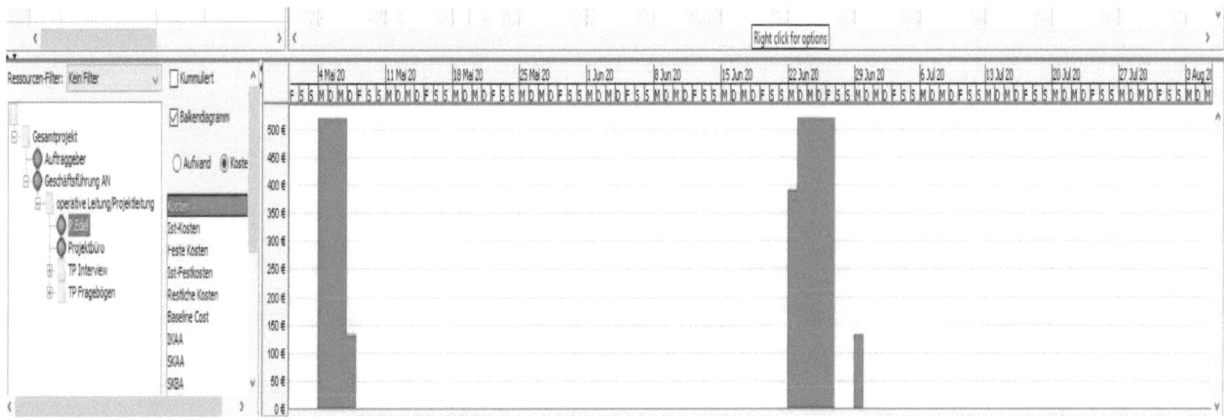

*Abbildung 105: geteilte Ansicht Ressourcenkosten*

**Je nach Bedarf der Stakeholder können weitere Auswertungen erstellt werden.**

## 8.3.2 Export der Auswertungen in Excel

Kostenauswertungen und eine Meilensteintrend-Analyse lassen sich besser durch Export der Werte in MS-Excel oder einem anderen Tabellenkalkulationsprogramm erstellen.

Zunächst müssen die gewünschten Tabellenwerte aus der Kostentabelle markiert werden

| | Name | Kosten | Ist-Kosten | Restliche Kosten | Baseline Cost |
|---|---|---|---|---|---|
| 1 | ⊟Marktforschung | 20790,00 € | 7225,00 € | 13565,00 € | 19910,00 € |
| 2 | ⊞Vorbereitung | 1750,00 € | 1750,00 € | 0,00 € | 1750,00 € |
| 5 | Erhebungsplan erstellt | 0,00 € | 0,00 € | 0,00 € | 0,00 € |
| 6 | ⊞Interviews | 7540,00 € | 1925,00 € | 5615,00 € | 6660,00 € |
| 10 | Interviewaktion abgeschlossen | 0,00 € | 0,00 € | 0,00 € | 0,00 € |
| 11 | ⊞Fragebögen | 9800,00 € | 3550,00 € | 6250,00 € | 9800,00 € |
| 15 | Fragebogenaktion abgeschlossen | 0,00 € | 0,00 € | 0,00 € | 0,00 € |
| 16 | ⊞Zusammenfassung | 1700,00 € | 0,00 € | 1700,00 € | 1700,00 € |
| 18 | Übergabe der Ergebnisse | 0,00 € | 0,00 € | 0,00 € | 0,00 € |

*Abbildung 106: Marktforschung, Kostentabelle kompakt*

Danach werden diese Werte in eine leere Excel Tabelle kopiert

| | A | B | C | D | E |
|---|---|---|---|---|---|
| 1 | | | | | |
| 2 | Marktforschung | 20790 | | 7225 | 13565 19910 |
| 3 | Vorbereitung | 1750 | | 1750 | 0 1750 |
| 4 | Erhebungsplan erstellt | 0 | | 0 | 0 0 |
| 5 | Interviews | 7540 | 1.924.999.999.999.990.000.000.000.000.000.000.000.000.000.000 | 5615 | 6660 |
| 6 | Interviewaktion abgeschlossen | 0 | | 0 | 0 0 |
| 7 | Fragebögen | 9800 | | 3550 | 6250 9800 |
| 8 | Fragebogenaktion abgeschlossen | 0 | | 0 | 0 0 |
| 9 | Zusammenfassung | 1700 | | 0 | 1700 1700 |
| 10 | Übergabe der Ergebnisse | 0 | | 0 | 0 0 |
| 11 | | | | | |

*Abbildung 107: Marktforschung, was bei Excel ankommt ;-)*

**und jetzt ist ein wenig Anpassung erforderlich,**

Spalten beschriften, nicht benötigte Informationen löschen, formatieren

| | A | B | C | D | E |
|---|---|---|---|---|---|
| 1 | Marktforschung | Kosten | Ist-Kosten | Restliche Kosten | Baseline Cost (gepl. Kosten) |
| 2 | Gesamt | 20.790,00 € | 7.225,00 € | 13.565,00 € | 19.910,00 € |
| 3 | Vorbereitung | 1.750,00 € | 1.750,00 € | - € | 1.750,00 € |
| 4 | Interviews | 7.540,00 € | | 5.615,00 € | 6.660,00 € |
| 5 | Fragebögen | 9.800,00 € | 3.550,00 € | 6.250,00 € | 9.800,00 € |
| 6 | Zusammenfassung | 1.700,00 € | - € | 1.700,00 € | 1.700,00 € |

*Abbildung 108: Marktforschung, Aufbereitete Excel Tabelle*

Mit dieser Vorbereitung geht es nun weiter!

Zunächst die gesamte Tabelle markieren und anschließend auf **EINFÜGEN** klicken

## Die gewünschte Grafikart auswählen

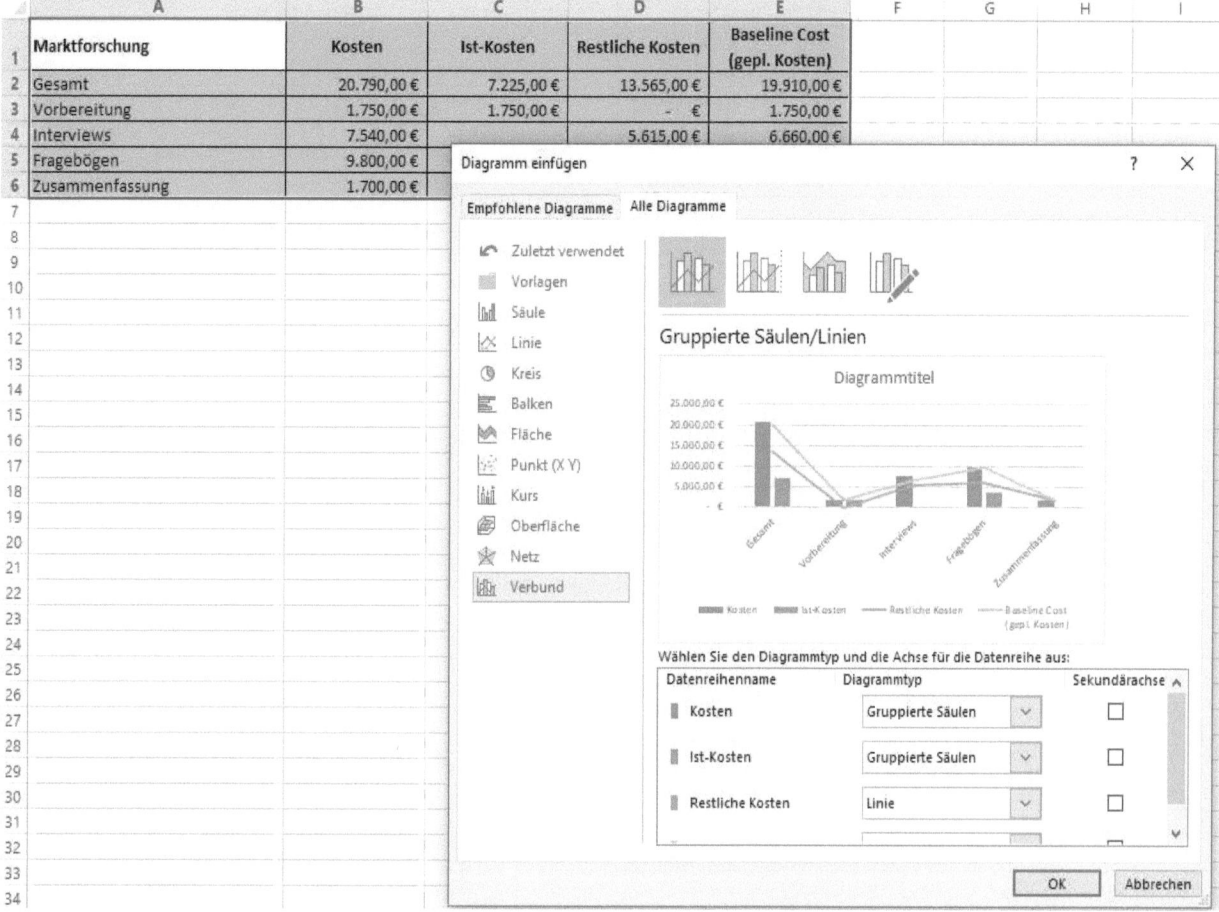

*Abbildung 109: Marktforschung Grafikart Excel*

**Auch hier ist jetzt ein wenig Anpassung erforderlich!**

**Raum für Notizen**

|  |
|--|
|  |
|  |
|  |
|  |
|  |
|  |
|  |
|  |
|  |
|  |

| | Marktforschung | Kosten | Ist-Kosten | Restliche Kosten | Baseline Cost (gepl. Kosten) |
|---|---|---|---|---|---|
| 2 | Gesamt | 20.790,00 € | 7.225,00 € | 13.565,00 € | 19.910,00 € |
| 3 | Vorbereitung | 1.750,00 € | 1.750,00 € | - € | 1.750,00 € |
| 4 | Interviews | 7.540,00 € | | 5.615,00 € | 6.660,00 € |
| 5 | Fragebögen | 9.800,00 € | 3.550,00 € | 6.250,00 € | 9.800,00 € |
| 6 | Zusammenfassung | 1.700,00 € | - € | 1.700,00 € | 1.700,00 € |

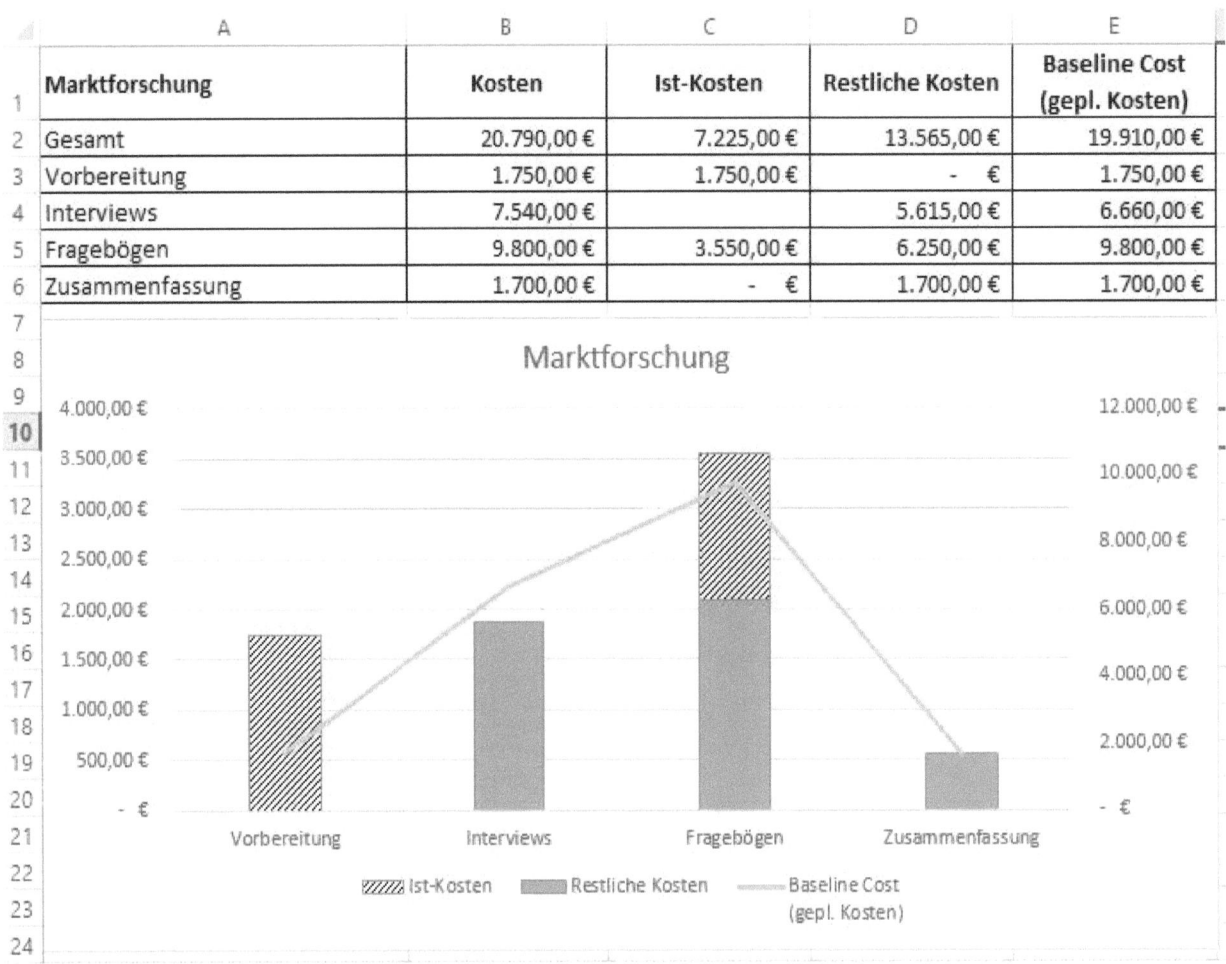

*Abbildung 110: Marktforschung Fertige Tabelle/Grafik*

### 8.3.3 Anmerkungen

Leider arbeiten die Programmierer von ProjectLibre teilweise mit englischen und teilweise mit deutschen Bezeichnungen für Kolonnen und Auswertungen.

**Hilfreich kann hier eine Übersicht der Kennzahlen aus der DIN 69901-3, Seite 7 sein.**

# 9. Fortsetzung Fallstudie IT-Outsourcing

Zu guter Letzt können Sie anhand der Fallstudie aus Kapitel 6 nun auch die Erkenntnisse aus Kapitel 7 und 8 zu Übungszwecken einsetzen.

## 9.1 Aufgabe

Schießen Sie das Programm und öffnen Sie den letzten Stand der Fallstudie

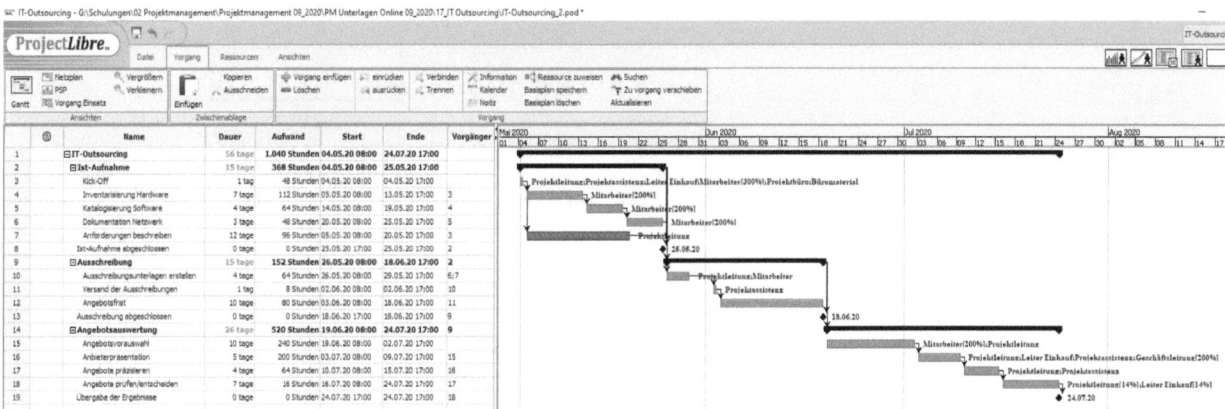

*Abbildung 111: IT-Outsourcing, letzter Stand*

- Legen Sie zunächst einen Basisplan fest

- Im 2. Schritt definieren Sie ein Statusdatum (z.B. 10.06.2020)

- Erfassen Sie Ihren Fortschritt zum o.g. Statusdatum
    - (ggf. mit Termin- und/oder Kostenabweichungen)

- Schauen Sie sich unterschiedliche Tabellen und Ansichten genauer an

- Verwenden Sie zu Dokumentationszwecken das Snipping-Tool

- Schauen Sie sich unterschiedliche Berichte an

Raum für Notizen

| |
|---|
| |
| |
| |
| |
| |

## 9.2 Fallstudie IT-Outsourcing, Kleines Beispiel

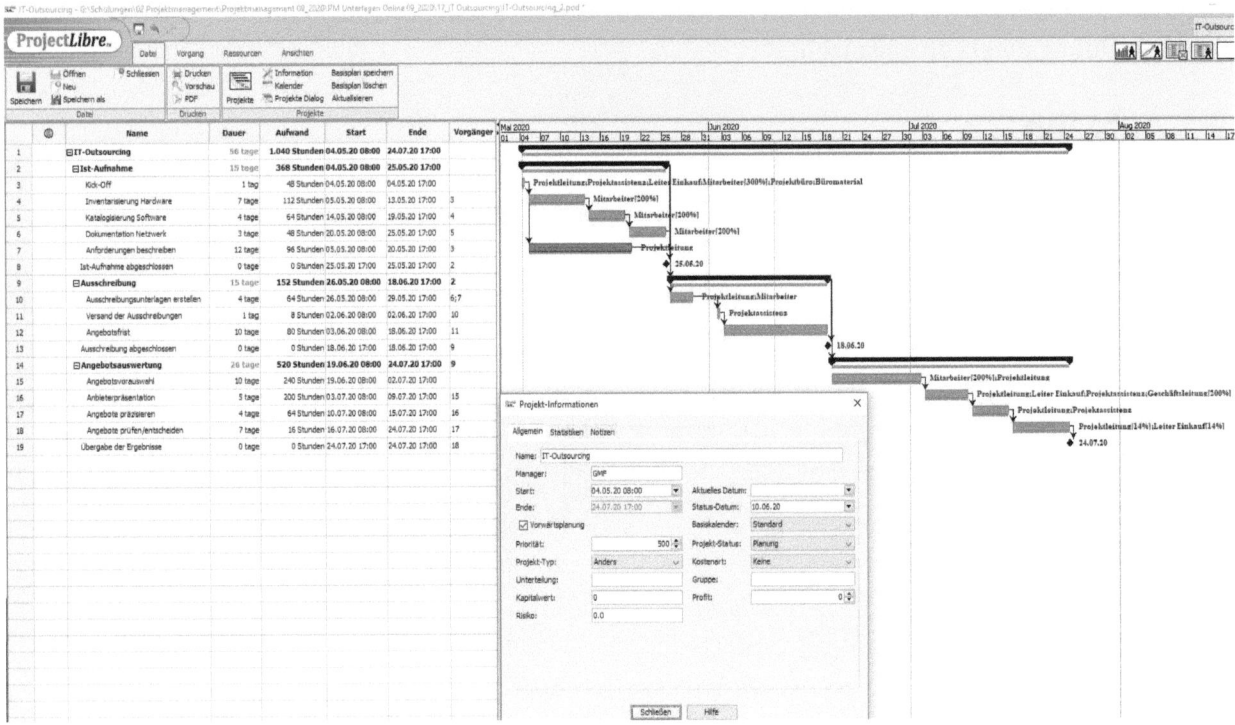

*Abbildung 112: IT-Outsourcing mit Basisplan und Statusdatum*

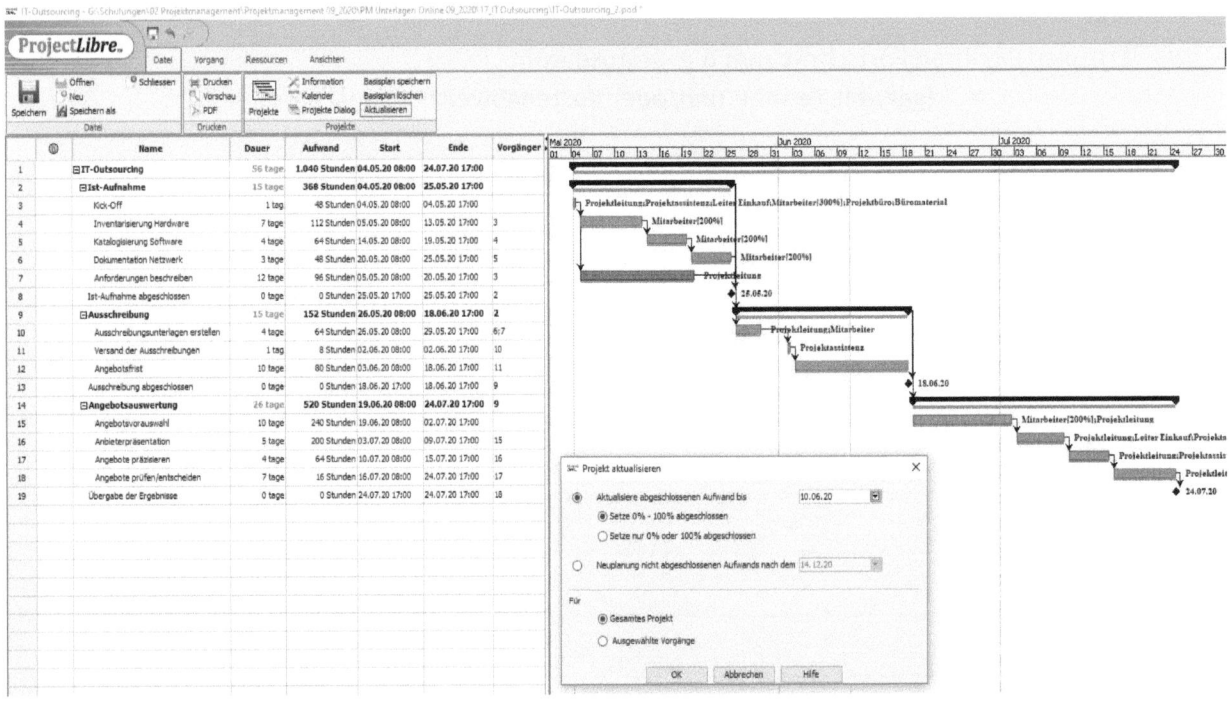

*Abbildung 113: IT-Outsourcing, Fortschritt zum Statusdatum*

### Achtung:

*Bei einer automatischen Aktualisierung kann es zu einer Veränderung der Kostentabelle kommen.*

Zum Statusdatum 10.06.2020 wurde eine manuelle Aktualisierung vorgenommen. Hierbei wird die sog. 0% - 100% Methode angewandt.

Im Statusmeeting wurde jedoch festgestellt, dass sich der Versand der Ausschreibungsunterlagen um einen Tag verzögert hatte, sodass auch der Beginn der Angebotsfrist um diesen Tag verschoben werden musste.

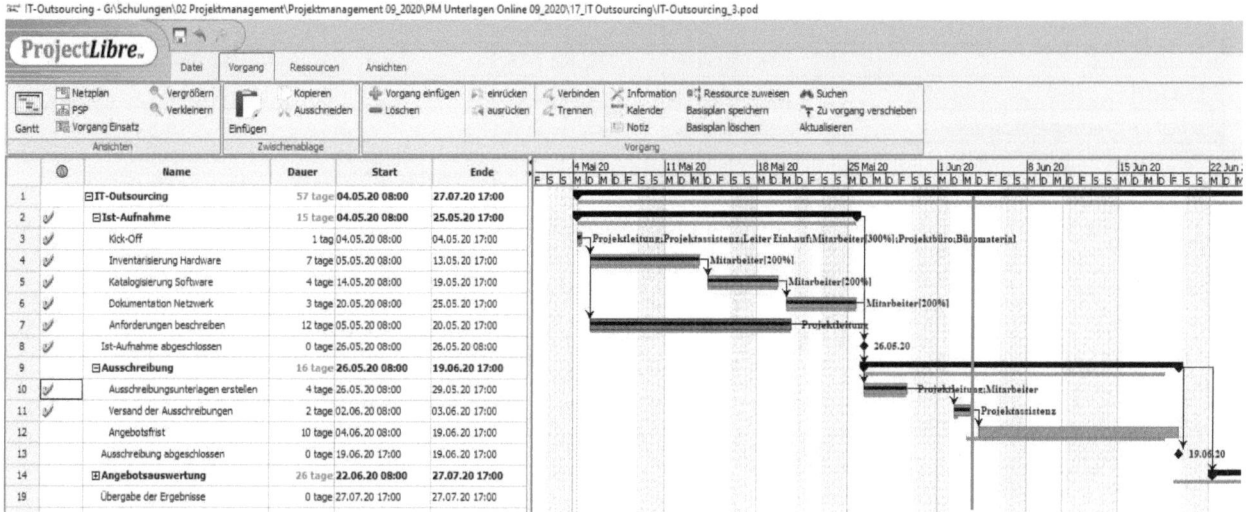

*Abbildung 114: IT-Outsourcing mit Verzögerung*

Die Verzögerung führte dazu, dass der nächste Meilenstein voraussichtlich nicht wie geplant erreicht werden kann.

Die Terminverzögerung führt auch zu einer veränderten Kostensituation.

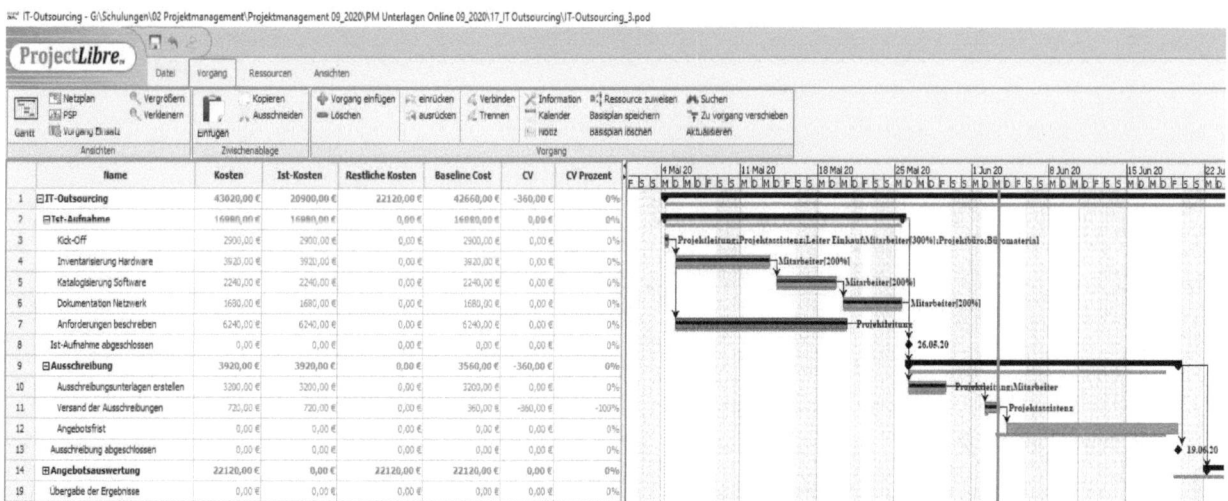

*Abbildung 115: IT-Outsourcing, Kostenabweichung*

## 9.3 Grafische Aufbereitung der Rohdaten mit MS-Excel 2016

Zunächst werden die Tabellenwerte aus ProjectLibre nach MS-Excel kopiert.

Danach sind diese zunächst aufzubereiten.

| IT-Outsourcing | Kosten | Ist-Kosten | Restkosten | geplante Kosten | Kosten abweichung |
|---|---|---|---|---|---|
| Ist-Aufnahme | 16.980,00 € | 16.980,00 € | - € | 16.980,00 € | - € |
| Kick-Off | 2.900,00 € | 2.900,00 € | - € | 2.900,00 € | - € |
| Inventarisierung Hardware | 3.920,00 € | 3.920,00 € | - € | 3.920,00 € | - € |
| Katalogisierung Software | 2.240,00 € | 2.240,00 € | - € | 2.240,00 € | - € |
| Dokumentation Netzwerk | 1.680,00 € | 1.680,00 € | - € | 1.680,00 € | - € |
| Anforderungen beschreiben | 6.240,00 € | 6.240,00 € | - € | 6.240,00 € | - € |
| Ist-Aufnahme abgeschlossen | - € | - € | - € | - € | - € |
| Ausschreibung | 3.920,00 € | 3.920,00 € | - € | 3.560,00 € | - 360,00 € |
| Ausschreibungsunterlagen erstellen | 3.200,00 € | 3.200,00 € | - € | 3.200,00 € | - € |
| Versand der Ausschreibungen | 720,00 € | 720,00 € | - € | 360,00 € | - 360,00 € |
| Angebotsfrist | - € | - € | - € | - € | - € |
| Ausschreibung abgeschlossen | - € | - € | - € | - € | - € |
| Angebotsauswertung | 22.120,00 € | - € | 22.120,00 € | 22.120,00 € | 22.120,00 € |
| Angebotsvorauswahl | 10.800,00 € | - € | 10.800,00 € | 10.800,00 € | 10.800,00 € |
| Anbieterpräsentation | 6.800,00 € | - € | 6.800,00 € | 6.800,00 € | 6.800,00 € |
| Angebote präzisieren | 3.520,00 € | - € | 3.520,00 € | 3.520,00 € | 3.520,00 € |
| Angebote prüfen/entscheiden | 1.000,00 € | - € | 1.000,00 € | 1.000,00 € | 1.000,00 € |
| Übergabe der Ergebnisse | - € | - € | - € | - € | - € |
| Gesamt | 43.020,00 € | 20.900,00 € | 22.120,00 € | 42.660,00 € | 21.760,00 € |

*Abbildung 116: IT-Outsourcing Excel Tabelle Kosten*

Jetzt lassen sich die o.g. Werte grafisch darstellen:

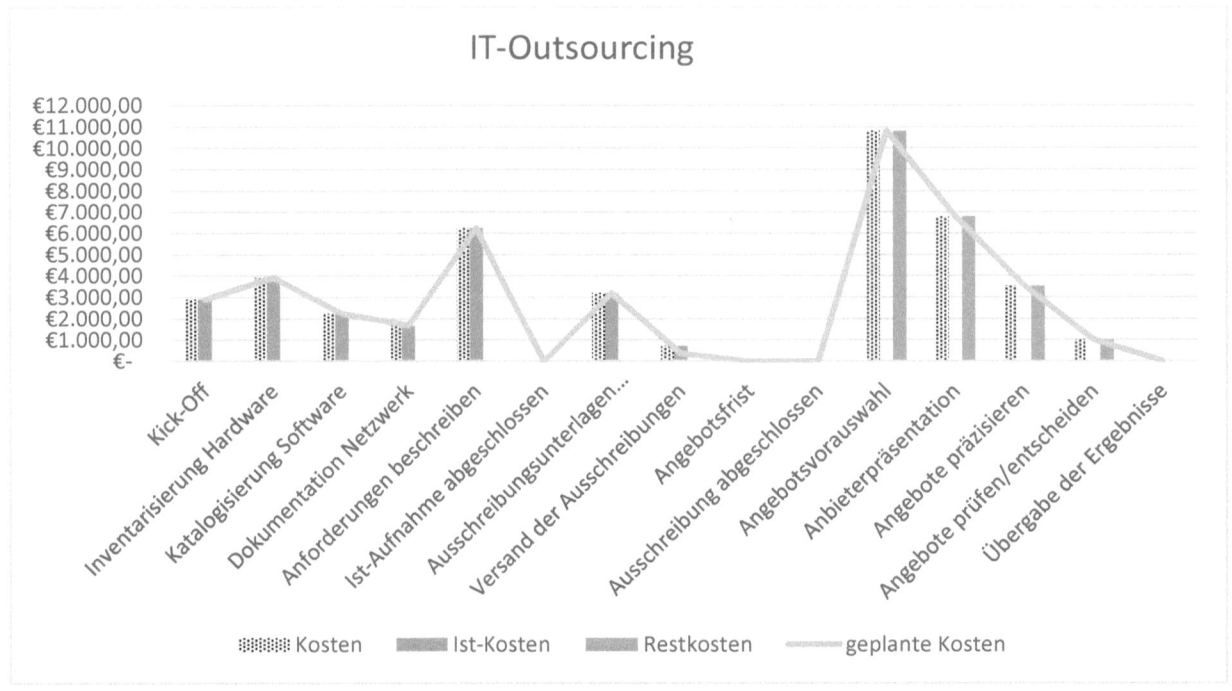

*Abbildung 117: IT-Outsourcing Excel Grafik Kosten*

**Dabnach kann auch eine Meilenstein-Trend-Analyse erstellt werden (Ebenfalls in MS-Excel)**

| Projekt: IT-Outsourcing | Projektstart | 04.05.2020 | | |
|---|---|---|---|---|
| **Meilensteintrendanalyse** | urspr. Meilensteine | 25.05.2020 | 18.06.2020 | 24.07.2020 |
| Ist-Aufnahme abgeschlossen | 25.05.2020 | 26.05.2020 | | |
| Ausschreibung abgeschlossen | 18.06.2020 | 18.06.2020 | 19.06.2020 | |
| Übergabe der Ergebnisse | 24.07.2020 | 24.07.2020 | 27.07.2020 | 27.07.2020 |

*Abbildung 118: IT-Outsourcing, Meilenstein-Trend-Analyse, Tabelle*

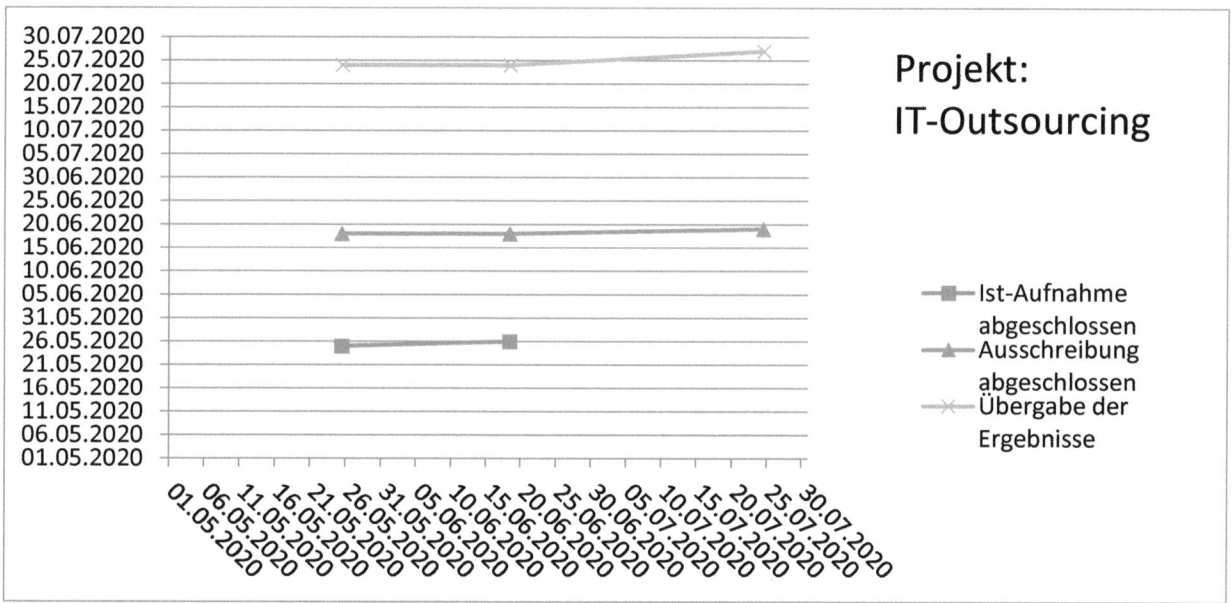

*Abbildung 119: IT-Outsourcing, Meilenstein-Trend-Analyse, Grafik*

# 10. Abbildungsverzeichnis